ÉTUDES

HISTORIQUES ET CRITIQUES

SUR LES

ACTIONS POSSESSOIRES.

Extrait de la *Revue de Droit français et étranger*,
publiée à Paris par MM. Fœlix, Duvergier, Valette, Laferrière, Bonnier
et Bergson, tomes VI et VII,
éditée par Joubert, libraire-éditeur.

PARIS.—IMPRIMÉ PAR E. THUNOT ET Cᵉ,
rue Racine, 26, près de l'Odéon.

ÉTUDES

HISTORIQUES ET CRITIQUES

SUR LES

ACTIONS POSSESSOIRES

PAR

M. ESQUIROU DE PARIEU,

DOCTEUR EN DROIT, REPRÉSENTANT DU PEUPLE,
MINISTRE DE L'INSTRUCTION PUBLIQUE ET DES CULTES.

PARIS.

JOUBERT, LIBRAIRE-ÉDITEUR,

rue des Grès, 14, près de l'École de droit.

1850.

Ce volume, consacré à des études sur la théorie générale et surtout l'histoire des actions possessoires, est la reproduction presque textuelle d'une série d'articles publiés dans la *Revue de Droit français et étranger*, du mois de janvier 1849 au mois d'avril 1850.

En apportant une pierre isolée à l'édifice encore si incomplet de l'Histoire du Droit, j'ai appris à mesurer tout à la fois la difficulté et le haut intérêt de ces recherches qui mettent au jour ce dont les peuples eux-mêmes n'ont pas eu conscience dans le passé, c'est-à-dire le développement de leurs institutions morales et de leurs coutumes juridiques. Ce vaste travail poursuivi dans plusieurs parties de l'Europe par des hommes d'un grand talent, constitue sans doute une des plus belles entreprises de la science moderne et de notre siècle en particulier.

Dans la partie très-restreinte de ce domaine historique que j'ai cherché à approfondir, j'ai été surtout frappé de l'énergie avec laquelle les besoins ou les instincts d'une époque dominent le développement de son Droit et font subir aux traditions les plus fortement enracinées de singulières déviations. C'est ainsi que j'ai dû montrer dans ces *Études* comment la possession annale, qui à l'origine servait à acquérir le droit de communauté dans les *villas* germaniques, s'est transformée d'abord par extension en prescription annale des immeubles, puis quelques siècles plus tard, dans une situation sociale différente, s'est trouvée réduite, au contraire, à n'être plus qu'une simple condition de la défense possessoire. Ainsi, dans l'histoire du droit, l'altération des traditions sert souvent de lien entre le respect du passé et le sentiment des nécessités du présent.

Préparées dans les courts moments dérobés à la vie du barreau, les études que je réunis aujourd'hui ont été publiées dans les loisirs plus agités et plus rares encore de l'existence politique. Ce motif suffira peut-être pour leur attirer quelque indulgence de la part de ceux que la nature du sujet n'arrêtera pas sur le seuil même du livre.

Paris, 25 avril 1850.

TABLE.

ÉTUDES

HISTORIQUES ET CRITIQUES

SUR LES

ACTIONS POSSESSOIRES.

CHAPITRE Ier.

De la propriété, de la possession, et de leurs rapports respectifs.

Le philosophe qui étend ses regards sur le monde civilisé reconnaît dans l'ordre social le résultat d'une idée puissante, modératrice des volontés et des passions humaines. La notion du droit semble, en effet, gouverner le monde moral comme l'attraction régit le monde physique. Individus, familles, corporations, nations mêmes s'agitent dans des orbites divers, mais gouvernés par le même régulateur. C'est le *droit*, qui sous les noms multiples de *droit privé*, *droit public*, *droit des gens*, retient les êtres humains, individuels et collectifs, dans cette harmonie quelquefois troublée, mais toujours renaissante, qui constitue l'ordre moral de l'univers.

A côté de cet élément conservateur placé en quelque sorte au centre des sociétés humaines, une force distincte, indépendante et capricieuse en apparence, se combine néanmoins avec l'influence du droit, souvent pour lui obéir, quelquefois pour la faire fléchir et la modifier.

La liberté humaine, *le fait* qui est son expression, constituent cette autre puissance, tour à tour docile ou rebelle aux règles du *droit*, capable même de les altérer quelquefois par une réaction impérieuse.

Si *le fait* s'affranchit en effet souvent de l'influence du *droit*, à laquelle il avait d'abord obéi, c'est moins pour répudier toute

1*

règle que pour manifester bientôt une loi nouvelle, et régénérer en le modifiant le principe supérieur qui lui servait de frein.

Ainsi le droit se transforme successivement chez les peuples sous l'influence des faits, et il apparaît même souvent dans l'histoire sans autre origine apparente qu'un fait consacré par le temps, sous le nom de *tradition* ou de *coutume*.

Ces relations variables du droit et du fait, cette influence réciproque qu'ils exercent l'un sur l'autre, constituent des ressorts importants dans les événements du monde.

Par une double réaction incessante, le droit enlève au fait quelque chose de sa mobilité et de son indépendance; le fait communique lentement au droit l'aspiration et les élans progressifs de la liberté humaine.

Plus d'une lutte ardente résulte de leurs conflits; mais l'humanité a besoin de leur accord, et après des combats passagers, l'histoire nous montre généralement l'élément vaincu réconcilié bientôt avec le vainqueur.

Il appartient à la philosophie de l'histoire de suivre les lentes réactions des lois et des faits, de l'ordre et de la liberté dans les événements sociaux, de montrer une loi nouvelle naissant quelquefois des caprices apparents de la volonté humaine, et de ramener à une formule unique, s'il lui est possible, la série de ces révolutions mystérieuses attribuées tour à tour à l'impulsion de la Providence ou à l'instinct du progrès.

Sur un théâtre moins élevé, dans l'histoire de la formation et des mutations de la propriété privée, nous trouvons l'image amoindrie de ce double principe que nous venons de distinguer dans les événements généraux du monde.

Les rapports de l'homme avec le sol ainsi qu'avec les divers objets matériels soumis à son usage, offrent quelque chose d'analogue à cette double influence du droit et du fait combinée dans l'ordre social, et dont nous avons marqué à grands traits les principaux caractères.

La propriété [1], la possession, éléments de nature diverse, qui

---

[1] L'idée de *propriété* est tout à la fois le principe et le terme de celle d'*obligation* que la jurisprudence pratique doit, du reste, en distinguer profondément.

Toute obligation tend en effet à la conservation ou à l'accroissement des biens

se combinent, se séparent et se reproduisent réciproquement, sont les deux grands leviers par lesquels l'homme agit sur les choses adaptées à ses besoins.

Comme *le droit* auquel elle se rattache, et dont elle est une application spéciale, la propriété porte en elle-même le sceau de la fixité, et paraît avoir dans la possession une expression fidèle.

Celle-ci, cependant, produit successif et mobile de la liberté humaine, puise dans cette origine une existence propre. Rivale même parfois de la propriété, elle manifeste ainsi à divers titres une valeur spéciale dont tout législateur s'est préoccupé.

La propriété et la possession se complétant mutuellement l'une l'autre, leur étude comparée est la condition nécessaire pour pénétrer la véritable nature de chacune d'elles.

Cette étude sera donc le préambule naturel des recherches auxquelles nous nous livrerons pour éclairer sous quelques-unes de leurs faces l'importance de la possession, l'utilité et le développement historique des actions qui la protégent.

La propriété n'est point une création arbitraire de l'esprit humain.

Ces institutions puissantes qu'on retrouve dans les civilisations les plus diverses n'ont point leur entière origine dans la réflexion de l'homme ; elles jaillissent presque spontanément de sa nature. La législation positive dégage, épure et perfectionne leur application ; mais leur racine est dans la constitution même de l'humanité. C'est d'elles qu'il faut dire ce que Montesquieu a écrit des lois en général : qu'elles sont *les rapports nécessaires qui dérivent de la nature des choses.*

Interrogeons, relativement aux fondements de la propriété, la condition de l'homme sur la terre.

L'espèce humaine exerce sur les êtres physiques un empire résultant de la destination évidente du Créateur. L'homme, en effet, a besoin des objets extérieurs pour la conservation et le développement de sa vie.

du créancier, et en même temps la créance constitue par elle-même une sorte de propriété susceptible de transmission. Aussi les Anglais ont-ils appelé l'obligation *propriété en action. V.* Toullier, t. VI, p. 221.

La nature, de son côté, semble réclamer les soins de l'homme et en attendre le perfectionnement de sa beauté [1].

Quand l'Écriture nous montre la terre entière donnée à l'homme par la main de la Divinité [2], elle ne fait donc que promulguer une grande loi gravée par le Créateur à la surface de l'univers.

Le domaine général de l'humanité sur les objets qui l'environnent est un de ces faits primordiaux qui ne peuvent être l'objet d'un doute ou d'une discussion.

Mais la transition de ce droit collectif à celui de la propriété individuelle est un fait plus complexe et qui mérite d'être examiné de près.

L'espèce humaine constitue une grande famille dont les membres se rapprochent par la similitude des sensations et la communauté des idées. L'homme étend hors de lui, par l'intermédiaire merveilleux de la parole et de l'écriture, la sphère de son existence morale; il s'approprie par la sympathie les biens et les maux de ses semblables, et s'élève par la pensée jusqu'à la notion de la Divinité.

Quelle que soit la hauteur de son essor moral, l'individualité reste cependant le type de sa nature..... Les appétits organiques font descendre son intelligence à des préoccupations essentiellement personnelles. Ses plus hautes facultés, son libre arbitre, sa conscience se fondent en partie sur un noble égoïsme.

C'est dans cette constitution de l'humanité que réside le principe de l'appropriation individuelle.

Sur le sol où elle l'a jeté avec mille besoins, la Providence a préparé pour l'homme le vêtement de sa nudité, l'aliment de son indigence, le point d'appui de sa faiblesse.

Le voilà qui façonne à son usage les objets physiques, et qui, par un travail ingénieux, s'en fait comme des organes nouveaux; il féconde autour de lui le sol par son activité, et réalise par ces

---

[1] Buffon a traduit dans son magnifique langage cette influence extérieure de l'homme sur ce qui l'entoure : « Vassal du ciel, roi de la terre, il l'ennoblit, la peuple et l'enrichit; il établit entre les êtres vivants l'ordre, la subordination, l'harmonie; il embellit la nature même, il la cultive, l'étend et la polit, en élague le chardon et la ronce, y multiplie le raisin et la rose. »

[2] « Benedixitque illis Deus et ait : Crescite et multiplicamini et replete terram et subjicite eam et dominamini piscibus maris et volatilibus cœli et universis animantibus quæ moventur super terram. »

conquêtes successives l'empire dont le Créateur lui avait donné le germe.

Quel est le mobile qui l'anime et le conduit dans cette œuvre, sinon le sentiment tout personnel d'un besoin à apaiser, d'une jouissance à goûter, d'un désir à satisfaire?

Individualité de besoins, individualité de prévoyance, individualité d'appropriation, telle est la chaîne logique qui rattache donc l'origine du domaine chez les peuples aux racines de la nature humaine, et qui fait de la propriété comme un *moi* extérieur pour l'homme libre, un appendice de son existence terrestre.

Le caractère individuel assigné à la propriété par son principe, qui est le besoin combiné avec la prévoyance et la liberté, lui est imprimé aussi par la nature de la condition sous laquelle elle se réalise.

L'intervention du travail dans la constitution de la propriété privée est un fait dont l'évidence frappe tous les yeux [1].

Examinons d'abord ce qui concerne les biens meubles :

« La propriété mobilière, dit un jusisconsulte [2], n'a toujours eu pour cause que l'œuvre ou le travail personnel de celui qui a produit la chose ou qui s'en est emparé lorsqu'elle n'appartenait encore à personne. »

Il est incontestable, en effet, que le travail, l'invention, la perception des fruits donnent tous les jours naissance à certaines propriétés mobilières [3]. Or ces moyens d'appropriation étant des faits essentiellement *personnels*, comment la propriété, qui en est le résultat, n'aurait-elle pas le même caractère?

Aussi le principe de la propriété individuelle circonscrite dans le cercle des objets mobiliers n'a-t-il encore subi aucune contestation sérieuse.

Mais il est venu rapidement dans l'histoire des peuples un moment où, passant des occupations de la chasse et de la pêche à

---

[1] M. Thiers a rendu sensible la corrélation du travail et de la propriété par l'exemple heureusement cité de la propriété superficiaire opposée à la propriété minérale (De la Propriété, chap. 12).

[2] Traité du domaine privé, par Proudhon, doyen de la Faculté de droit de Dijon, t. I, p. 27.

[3] Le travail peut même, dans nos législations modernes, entraîner avec lui la propriété de la matière (Art. 571 C. civ.).

un état stable, l'homme a résolu de demander à la terre des services plus profitables.

La propriété du sol s'est alors établie, et c'est elle dont la théorie a quelquefois discuté la légitimité.

Ici, toutefois encore, les mêmes causes ont dû produire les mêmes effets.

La jouissance du sol ne peut se concevoir d'abord sans un acte primitif d'occupation émanant de la personnalité humaine.

Mais cette jouissance n'arrive, en général, à son utilité complète que par un fait plus énergique encore que l'occupation, quoique secondaire dans l'ordre logique, c'est-à-dire le travail, la culture.

In sudore vultûs tui vesceris pane....., loi divine répétée de génération en génération par l'écho douloureux de l'expérience humaine !

Oui, nos sueurs se retrouvent dans les moissons de nos étés; et quand la terre paraît nous donner ses fruits, c'est une portion de notre substance qu'elle nous rend avec usure. C'est ce que Rousseau explique fort bien à son Émile :

« Je lui fais sentir qu'il a mis là son temps, son travail, sa peine, sa personne enfin ; qu'il y a dans cette terre quelque chose de lui-même, qu'il peut réclamer contre qui que ce soit, comme il pourrait retirer son bras de la main d'un autre homme qui voudrait le retenir malgré lui[1]. »

Le travail de chacun étant, quant au degré de son énergie, éminemment individuel, il en résulte que l'appropriation personnelle du sol a dû se réaliser en général dans les sociétés civilisées.

Là où le sol n'est employé qu'au pâturage, où le travail de l'homme est presque nul et la production de la terre spontanée, on voit, il est vrai, l'indivision se perpétuer jusque dans l'état de nos communaux modernes. Mais partout où le travail intervient

---

[1] Émile, t. I, p. 161, édit. d'Amsterdam.

Locke a exprimé la même pensée lorsqu'il a écrit : « L'homme, comme propriétaire de sa personne, de ses actions, de son travail, eut toujours en lui le grand fondement de la propriété. »

Après de riches développements sur ce sujet, M. Thiers a dit aussi : « L'homme a une première propriété dans sa personne et ses facultés; il en a une seconde moins adhérente à son être, mais non moins sacrée, dans le produit de ces facultés » (De la Propriété, chap. 5).

avec énergie, la propriété privée marche à sa suite comme son corollaire.

Séparer l'individualité du profit de l'individualité du labeur, ce serait en effet dépraver le travail et asservir l'humanité.

Aussi l'histoire nous montre-t-elle la condition des personnes constamment liée à celle du sol ; et lorsque, dans certaines expériences sociales, le législateur a privé l'homme de la propriété exclusive des fruits de son travail, même dans un système de communauté réciproque, il n'a guère produit que des variétés d'esclaves [1].

Après les observations qui précèdent, nous envisagerons sans embarras une question souvent débattue : La propriété est-elle de droit naturel, ou n'est-elle qu'une création du droit civil ?

Si l'on ne veut comprendre dans le droit naturel que les lois sans lesquelles aucune partie de l'humanité ne pourrait subsister, celles qui sont communes à l'homme et à la brute, suivant la définition du jurisconsulte romain, on peut refuser à la propriété la sanction théorique du droit naturel ; mais si l'on comprend sous ce nom l'ensemble des lois qui sont tellement en rapport avec la nature humaine qu'elles tendent à se reproduire dans toutes les sociétés et sont inhérentes au développement de l'humanité, alors nous devons comprendre la propriété dans ce cadre, et n'accepter que dans le sens d'un état de choses primitif et barbare la proposition de Montesquieu écrivant que les hommes ont *renoncé à la communauté naturelle des biens pour vivre sous des lois civiles* [2].

---

[1] Après avoir décrit, dans son *Traité de législation*, l'état des Indiens du Paraguay soumis à la communauté de travaux et de biens par leurs chefs spirituels, Comte se résume en ces termes (t. IV, p. 478) :

« Il est impossible de considérer attentivement l'état social de ces peuples, leurs mœurs, le degré de développement intellectuel qui leur est propre, leur faiblesse quand ils sont isolés, leur énergie quand ils ont secoué le joug de l'autorité, sans être frappé de l'analogie qui existe entre eux et les esclaves des colonies modernes ; la ressemblance est si parfaite, qu'elle a été d'abord aperçue par les hommes les plus disposés à rendre justice au zèle des chefs de ces établissements. »

[2] Esprit des lois, liv. XXVI, chap. 15.

Nous aimons mieux dire, avec Burlamaqui : « L'état naturel de l'homme est, à parler en général, celui qui est conforme à sa nature, à sa constitution, à sa raison et au bon usage de ses facultés prises dans leur point de maturité et de perfection » (Principes de droit naturel, p. 49).

Il est bien entendu, du reste, que le droit civil seul donne à la propriété une sanction positive ; ce qui a fait dire à Bentham qu'il n'y a point de propriété naturelle, et que la propriété est uniquement l'ouvrage des lois [1].

Dans l'établissement logique de la propriété individuelle telle que nous venons de l'envisager, la possession primitive est en quelque sorte le principe dont tout procède, et la propriété n'est que le résultat d'une possession garantie.

Cette consécration ne s'est point réalisée sans lutte, sans trouble, sans longues oscillations dans les sociétés.

Sans doute la communauté des biens, que Montesquieu a considérée comme un *état naturel*, n'a eu nulle part d'application absolue. Il n'est point de tribu sauvage chez laquelle la propriété mobilière n'ait point été reconnue.

Mais l'établissement de la propriété foncière a subi dans l'histoire des obstacles nombreux.

Rousseau a dit dans son *Contrat social* : « Tout ce que chacun aliène par le pacte social de sa puissance, de ses biens, de sa liberté, c'est seulement la partie de tout cela dont l'usage importe à la communauté ; mais il faut convenir aussi que le souverain seul est juge de son importance. »

Cette souveraineté, ce despotisme de tous semblent avoir comprimé dans un sens barbare l'établissement de la propriété privée dans les premiers âges de l'histoire.

Privées de la connaissance des arts utiles, sans commerce intérieur ni extérieur, aux prises avec les rigueurs d'un sol infertile et avec toutes les résistances de la nature, les premières sociétés vivaient sous l'oppression du besoin et dans la préoccupation continuelle d'une imminente misère.

Dans un pareil état social, la solidarité de tous était inévitable, nécessaire peut-être pour asseoir sur une terre inhospitalière le berceau de chaque peuplade.

De là cette communauté du sol que l'on trouve à l'origine des

---

[1] Rousseau a dit dans le même sens : « Ce que l'homme perd par le contrat social, c'est sa liberté naturelle et un droit illimité à tout ce qui le tente et qu'il peut atteindre ; ce qu'il gagne, c'est la liberté civile et la propriété de tout ce qu'il possède. » Mais cela se rapporte à un *état de nature* hypothétique.

traditions historiques et au début même de quelques colonies modernes [1].

On voit cependant s'établir bientôt la lutte entre la tendance individuelle à l'appropriation du sol et l'effort de la société pour retenir à son profit les fruits du labeur individuel.

Les immeubles, à raison de leur adhérence mutuelle, résistent plus que les objets mobiliers à une possession exclusive; leurs produits, faciles à répartir, se prêtent aisément à une jouissance commune. Il est résulté de là que la distribution des terres abandonnées sur certains points définitivement à l'occupation individuelle, a été ailleurs, chez quelques peuples de l'antiquité, régie politiquement et opérée sous la direction des législateurs [2]. Ailleurs enfin les lois de l'association ont apporté diverses restrictions à l'établissement de la propriété territoriale et à la perception exclusive et personnelle des produits du sol.

Ici la communauté a laissé à l'individu la propriété des fruits de son travail, mais elle a affecté, par des partages fréquents, la distribution du sol d'un caractère essentiellement résolutoire et temporaire. Telle était notamment la condition des terres chez les Germains [3] et les Dalmates [4].

Ailleurs, la société a fait à la famille une concurrence plus jalouse en retenant la communauté de tout ou partie des fruits annuels de la terre.

« Parmi plusieurs tribus, dit Robertson en décrivant l'état de l'Amérique, le produit des terres cultivées était déposé dans un grenier public, et réparti à des époques fixes suivant les besoins de chacun; parmi les autres, quoique tous eussent leurs magasins particuliers, le droit de propriété n'allait pas jusqu'à autoriser les uns à posséder du superflu et à laisser leurs voisins en butte aux privations. »

En Afrique et dans l'Inde, on trouve encore des usages ana-

---

[1] V. Vie de George Washington, par Marshall, traduction d'Henry, t. I, p. 64.

[2] C'est ce que nous trouvons mentionné notamment dans les annales de Sparte, de la Crète et de Rome.

[3] « Agri pro numero cultorum ab universis per vices occupantur quos mox inter se secundùm dignationem partiuntur » (Tacite, De la Germanie).

[4] Recherches sur le droit de propriété, par Ch. Giraud, p. 8.

logues [1], qui d'après Diodore auraient existé chez certaines peuplades hispaniques de l'antiquité [2].

Ainsi l'histoire nous montre sur divers points et dans divers âges la possession en quelque sorte flottante, passagère, dépourvue de respect et de garanties.

C'est la civilisation seule qui, par ses progrès, a donné à la possession la consécration du droit, et a dégagé ainsi le principe de la propriété individuelle des entraves jalouses que la pénurie et l'inexpérience des premières sociétés faisaient peser sur elle. Les ramifications sociales de l'institution sont devenues aussi vastes que ses racines naturelles étaient profondes.

Voyez, en effet, l'enchaînement progressif des développements de la propriété dans le monde civilisé, et comme elle rayonne en quelque sorte de proche en proche autour de l'individualité humaine.

Du vêtement, de l'outil, des troupeaux, premières conquêtes de l'homme chasseur ou pasteur, elle s'étend à la demeure construite avec des matériaux qui ont reçu en sortant de la carrière ou de la forêt la forme mobilière. Bientôt, autour de la maison, le jardin et le champ sont enclos et appropriés par la culture. Les bois et les pâturages n'exigeant pas le travail de l'homme, restent plus longtemps soumis à la loi de la communauté, mais ils sont atteints à leur tour par l'appropriation privée.

La propriété mobilière ne sert pas seulement d'instrument à la conquête du sol ; elle se développe aussi en même temps que la propriété territoriale.

La matière inerte reçoit successivement de la main des arts mille formes ingénieuses qui l'adaptent à des besoins plus raffinés de l'humanité. D'un autre côté, les lois protectrices de la permanence et de la transmission des biens contribuent à donner au sentiment de la propriété un horizon nouveau.

Ce n'est plus pour l'année qui s'ouvre, c'est pour sa vie entière et pour les générations qui naîtront de lui, que l'homme défriche et cultive le sol qui prendra pour ses enfants le nom de *patri-*

---

[1] Rapport de M. Passy à l'Académie des sciences morales, *Revue de législation* de 1845, t. II, p. 486.

[2] Ch. Giraud, *Recherches*, etc., p. 8.

moine. Il fait profiter ainsi sa postérité du fruit de son travail, et le prix de la propriété réside moins désormais dans les jouissances de l'égoïsme que dans les ambitions aussi vastes que douces de l'amour paternel.

A cette institution naturelle de l'hérédité, si consolante pour l'homme à son dernier jour, la loi joint pour lui le droit de disposer de ses biens non-seulement pendant sa vie, mais encore en franchissant les bornes de son existence.

Arrivée à ce point, la propriété est le ciment des familles, le lien des générations, le point d'appui de l'autorité paternelle.

Elle est aussi le lien de l'homme avec sa patrie, la garantie de ses engagements envers ses semblables, le gage de son obéissance aux lois et de sa fidélité aux intérêts publics. Dans certains États, elle sert de base au droit politique, et la mythologie antique place un dieu protecteur sur ses limites sacrées [1].

Ce développement logique et moral ne s'accomplit point cependant sans quelques obstacles, sous ces législations antiques qui, par la fusion du pouvoir civil et du pouvoir religieux, absorbèrent si fortement les droits individuels dans une puissante unité.

Chez un peuple de destinée mystérieuse, une année solennelle venait, au terme fixé par la loi, résoudre les aliénations d'un demi-siècle, et ramener sur le sol, au nom de Dieu, le niveau périodique d'une religieuse égalité.

Ailleurs une législation d'airain maintint pendant cinq siècles la distribution agraire faite par Lycurgue. Le sentiment de la propriété fut confondu, à Sparte, avec la foi conjugale et le droit de la paternité, dans un même sacrifice [2].

Malgré ces protestations et ces entraves passagères, le principe de la propriété grandit, se développe librement, et reçoit la consécration successive de l'équité romaine et de la religion chrétienne.

« Le christianisme, qui a développé dans l'homme la con-

---

[1] Sur ces divers points, *V.* les savantes *Recherches* de M. Giraud, chap. 1 et 2.

[2] Solon respecta plus que Lycurgue le droit de propriété. Il fut contraint cependant d'offrir aussi un holocauste à la démagogie d'Athènes. Il abolit ou réduisit les dettes (Pastoret, Histoire de la législation, t. VI, p. 171).

» science individuelle, a fortifié nécessairement le sentiment de
» la propriété, loin de vouloir le combattre et l'anéantir [1]. »

Il a contribué plus puissamment encore à ce résultat en interposant, dans la lutte antique du riche et du pauvre, la charité
de l'un et l'abnégation de l'autre.

Sous la civilisation dont il a été l'âme active, la propriété a vu
son horizon s'agrandir en proportion des nouvelles conquêtes du
génie de l'humanité. Dans nos temps modernes notamment, les
inventions de l'industrie et les œuvres de la pensée ont constitué
pour le domaine de l'homme un apanage ignoré de l'antiquité.

Par ce progrès successif que menacent en vain les efforts des
novateurs modernes, la communauté, point de départ des sociétés barbares, est depuis longtemps remplacée par l'impôt, qui
pèse sur la propriété sans en entraver l'exercice ni en décourager
les efforts.

Dans cet état de choses, la possession, qui est historiquement
parlant le moyen d'établissement de la propriété, n'en semble
plus, dans les circonstances ordinaires, que la traduction et
l'effet.

Toutefois, cet aperçu ne doit pas être généralisé d'une manière
trop absolue.

De même que l'occupation et le travail ont assis la propriété
individuelle sur les débris du communisme primitif, ils sont res-
tés encore les conditions essentielles de sa conservation et de
sa vie.

Si la propriété s'isole de la possession, qui est son expression
et la condition de son utilité pour l'individu et pour le corps social, elle chancelle aussitôt sur sa base.

Ce n'est point que la société s'en empare elle-même. Pourquoi
reprendrait-elle un domaine fécondé à son profit indirect par les
labeurs individuels? Elle aime mieux protéger celui auquel la négligence du maître permet l'occupation d'une terre délaissée, et
attribue à sa possession, sous la sanction du temps, le germe
d'une appropriation future.

Dans la législation de presque tous les peuples [2], une certaine

[1] Lerminier, Philosophie du droit, t. I, p. 151.
[2] *V.*, notamment pour l'Inde, la Concordance des lois hindoues et du Code

durée de possession a en effet pour résultat la translation de propriété connue sous le nom de *prescription*.

Cette durée semble correspondre, jusqu'à un certain point, avec la condition de la propriété individuelle chez les divers peuples.

Celle-ci est-elle encore faiblement constituée, échappant à peine aux entraves du système de communauté, et presque confondue avec la possèssion, alors la prescription est prompte dans sa marche : une, trois, cinq années suffisent, dans les sociétés peu avancées, pour transférer la propriété par cette voie.

Lors au contraire que le droit s'est consolidé et a grandi dans le respect des législateurs et des peuples, la possession ne triomphe plus des droits antérieurs qu'à l'aide du temps et par une prescription quelquefois aussi lente que la durée des générations humaines.

Si nous voulions résumer les rapports de la propriété et de la possession que nous avons cherché à approfondir, nous dirions donc : La propriété est dans son principe une émanation de la volonté créatrice qui a destiné la terre à l'humanité ; la possession est le fait humain qui attribue individuellement, utilise, et dans certains cas transfère d'homme à homme le don collectif de la Divinité.

civil français, par M. Gibelin (*Revue de législation*, t. II de 1844, p. 71), Lois de Manou, liv. 8, sloca 147, p. 272 de la traduction française de M. Loiseleur de Longchamps.

Chez les Grecs, une loi de Solon avait établi la prescription de cinq ans pour toutes les actions civiles (Pastoret, Histoire de la législation, t. VI, p. 478; *V.* aussi d'Argentré, Des Appropriances, préface, § 8).

La prescription, suivant Domat, n'avait pas lieu dans la loi hébraïque C'était une suite du système qui interdisait le transport définitif de la propriété d'une famille à une autre (*V.* Domat, Lois civiles, partie I, l. 3, t. 7, s. 4).

CHAPITRE II.

Fondement logique des actions possessoires.

Les rapports intimes par lesquels la possession se rattache au droit de propriété, et que nous venons d'indiquer, constituent pour ainsi dire la base fondamentale du rôle de la possession dans le droit civil.

Ils sont loin cependant de résumer toute son importance et de comprendre tous les motifs qui ont fait organiser juridiquement les moyens de sa défense.

La science du droit ne s'est pas bornée, en s'occupant de la possession, à reconnaître ses rapports philosophiques avec la propriété, à régler les applications de plus en plus rares du droit d'occupation, et à déterminer les conditions variables de la prescription.

Ces rapports intimes et *substantiels*, cette génération mutuelle de la possession et de la propriété, servent en quelque sorte de principe à des conséquences secondaires qui augmentent considérablement l'intérêt pratique de la possession et que nous allons indiquer.

Base fondamentale des intérêts matériels de l'homme, le droit de propriété individuelle s'obscurcit cependant quelquefois au milieu des transmissions et modifications nombreuses que lui font subir la volonté de l'homme et la succession des générations dans l'état social.

La convoitise, la concurrence animée dont la propriété est l'objet, traduisent alors en contestations opiniâtres les doutes qui peuvent s'élever sur son assiette véritable.

La société qui préside par ses magistrats à l'instruction et à la décision de ces litiges a recherché nécessairement les éléments propres à fournir un critérium exact des droits réels controversés.

Dans ce système de vérification judiciaire, la possession a dû avoir une place marquée au premier rang par ses rapports avec le droit qu'il s'agit de mettre en lumière.

C'est par la possession que la propriété s'exerce, se manifeste et s'incarne pour ainsi dire. Leur séparation étant un fait anormal, il est naturel de rapporter à la propriété, comme cause, la possession qui en est l'effet ordinaire.

La possession a constitué ainsi, suivant le langage de nos grands jurisconsultes modernes [1], une présomption de propriété presque souveraine en matière de meubles [2] et apportant, au cas de doute sur les droits immobiliers, la préférence de la justice au détenteur de la chose litigieuse.

Ce privilége du possesseur peut se réaliser sous deux formes différentes.

La possession comporte avec elle l'émolument actuel et extérieur de la propriété elle-même. Dispensant celui qui en est investi de se constituer demandeur, elle lui défère ainsi les prérogatives de la position du défendeur appelé à profiter de toutes les obscurités, tous les défauts, tous les obstacles qui peuvent arrêter la demande formée contre lui.

En dehors, au reste, de ce privilége attaché à la position du défendeur, et dont il use presque toujours, le possesseur qui aurait pris imprudemment l'initiative d'une demande judiciaire inutile, devrait, au cas d'un doute sérieux sur le fond du droit, profiter encore de la présomption naturelle attachée à sa position et résumée dans la vieille maxime : « *In pari causâ melior est conditio possidentis.* »

La présomption de propriété, tel est donc le premier avantage que le droit civil ait attaché à la condition des possesseurs.

Il en existe un autre plus immédiat qui semble se rattacher à cette efficacité intime de la possession pour l'acquisition du droit de propriété, dont est sortie l'institution de la prescription : nous voulons parler du gain des fruits.

Cet avantage n'appartient pas cependant à toute espèce de possession, mais seulement à celle qui est entourée de bonne foi.

Arrêtons-nous un instant sur ce point.

[1] Domat, Pothier, Troplong, etc.
[2] Art. 1141 et 2279 du Code civil.

Lorsque les législateurs ont éclairé progressivement le principe de la prescription par les idées de la morale, ils ont été conduits à établir une gradation profonde sous le rapport de l'énergie acquisitive entre la possession de bonne foi et la possession dépourvue de ce caractère.

Le système de l'ancienne *usucapion* romaine, si barbare sous le rapport de la brièveté du temps nécessaire pour prescrire, ne protégeait cependant que la possession avec titre et bonne foi. Lorsqu'au droit des Douze Tables succéda une jurisprudence éclairée des lumières de l'équité naturelle, de la philosophie morale, et dont l'horizon rationnel semblait s'agrandir comme l'univers qu'elle devait gouverner, la durée de la prescription fut allongée, et d'un autre côté la distinction entre ces deux sortes de possession s'introduisit dans le droit romain, et fut marquée par des différences importantes dans la durée des temps nécessaires pour *prescrire*.

La pureté de la morale chrétienne fit trouver trop considérable la faveur lente et restreinte laissée à la possession dépourvue de bonne foi par le dernier état du droit romain. Négligeant les exigences du milieu social pour garder spécialement les rigueurs de la conscience, le droit canonique adopta un principe conforme à celui du vieux droit des Douze Tables, et refusa tout effet prescriptif à la possession entachée de mauvaise foi.

Notre droit français, ainsi que celui de la plupart des nations modernes[1], a maintenu la distinction du droit romain entre les deux natures de possession, mais en attachant à l'une et à l'autre l'effet d'une prescription de durée différente.

La possession de bonne foi, dont la notion première paraît appartenir à la jurisprudence romaine, a reçu de cette même source et conservé sous les législations modernes un autre privi-

---

[1] Le Code bavarois (liv. 2, chap. 4, art. 4) et le Code autrichien (art. 1460) exigent cependant les deux conditions réunies de *bonne foi* et de *titre légal* pour l'acquisition de la prescription. L'article 6 (liv. 2, chap. 4) du Code bavarois et l'article 1477 du Code autrichien décident, il est vrai, que la possession de trente ans dispense de la production du titre, mais ils semblent réserver tacitement la nécessité de la bonne foi. Le législateur autrichien ajoute même *qu'en cas de mauvaise foi la prescription sans titre est insuffisante. V.* Concordance des Codes étrangers avec le Code civil français, par Anthoine de Saint-Joseph.

lége que celui résultant d'une prescription plus rapide. Elle a obtenu sur les fruits qu'elle tire du sol le démembrement des droits qui appartiendraient à la propriété elle-même, et semble préluder ainsi à l'acquisition lente du fonds par l'appropriation successive de ses produits périodiques.

« Bonæ fidei possessor in percipiendis fructibus id juris habet » quod dominis prædiorum tributum est. » L. 25 , § 1. *D.*, *De usuris.* « Quod ad fructus attinet loco domini penè est. » L. 48, *D.*, *De acquir. rerum dominio.*

Ainsi la possession de bonne foi entame tout à la fois l'avenir de la propriété par la prescription et son émolument actuel par le gain des fruits qu'elle réalise.

En réunissant ces effets divers de la possession relatifs aux nuances variées de son caractère, elle a par conséquent, la vertu non-seulement d'asseoir originairement la propriété par l'occupation, de la transférer par la prescription, de la mettre en usage par la jouissance, mais encore de faire présumer son existence au milieu des nuages du doute, de l'imiter et de la remplacer dans l'acquisition des fruits perçus de bonne foi.

C'est en s'attachant à certains de ces effets et à la valeur spéciale de la possession par elle-même, que les jurisconsultes romains l'ont quelquefois isolée absolument de la propriété : « Nil com-» mune habet proprietas cum possessione.... Possessio et pro-» prietas misceri non debent. » La synthèse philosophique répudie ces résultats d'une analyse extrême, et rattache la possession et la propriété par des liens qui ne sont que l'image de la réalité.

Une position de laquelle dépendent tant de riches et nombreux avantages est nécessairement l'objet d'une rivalité active au sein de la société. Exposée aux atteintes des erreurs et des passions de l'homme, la possession a donc besoin de la protection vigilante du législateur et du juge.

L'action accordée au propriétaire pour la défense de ses droits ne pourrait suffire au possesseur pour protéger efficacement les siens. La possession peut subsister en effet séparément de la propriété, et conservant même en ce cas son efficacité et ses avantages propres, elle ne saurait les maintenir sans défense.

Une action spécialement protectrice de la possession apparaît donc comme une nécessité juridique, soit qu'on considère la possession en elle-même et dans ses avantages directs, soit qu'on l'envisage comme l'exercice et la manifestation d'un droit plus sacré.

Sous le premier point de vue, et par cela seul qu'elle procure la perception des fruits du sol, l'ordre public ne peut permettre que la possession soit la proie du plus fort, l'enjeu de la surprise ou de la violence. Alors que la propriété du moindre objet mobilier est défendue par les lois, aurait-on laissé à la merci du dernier occupant une position qui emporte avec elle la faculté de percevoir les fruits du sol, et, au cas de bonne foi, l'acquisition de la propriété de ces fruits eux-mêmes ?

Envisagée sous sa seconde face, la possession revêt un caractère encore plus sacré. L'avantage de la position de défendeur, si grand au milieu de certaines obscurités juridiques, ne saurait évidemment disparaître et se déplacer par l'audace d'un coup de main. La propriété, dont la possession est la présomption et le signe, réclame une sauvegarde contre les voies de fait qui ne sauraient atteindre cette dernière sans menacer le droit le plus élevé qu'elle couvre. L'action protectrice de la possession est donc sous cet aspect, si la comparaison nous est permise, une sorte d'*ouvrage avancé* qui défend les abords de la propriété elle-même contre les attaques dont le contre-coup l'ébranlerait elle-même.

Ces deux manières d'envisager la possession semblent avoir déterminé deux phases principales dans l'histoire des actions possessoires.

La première considération a surtout servi de fondement principal au système de défense pour la possession formulée dans les interdits romains. Ces interdits n'étaient point considérés comme *réels;* ils reposaient sur le respect de la personnalité humaine et du fait de possession qui en était émané.

Quelque récente que fût la possession, pourvu qu'elle fût paisible, exempte de tout vice de précarité et de clandestinité à l'égard de l'auteur de la voie de fait, la violation de cette situation créait au profit du possesseur contre celui qui l'avait lésé une obligation *quasi ex delicto* qui servait de base aux interdits possessoires [1].

---

[1] **Traité de la possession de Savigny**, traduction de Faivre, p. 30 à 39.

Dans le Droit français , au contraire , c'est la possession considérée comme *propriété présumée* qui a été le fondement de nos actions possessoires, de celle au moins qui a toujours été considérée comme la principale d'entre elles et qui porte le nom de *complainte.* Cette action a été par suite soumise à des règles différentes de celles proclamées par la jurisprudence romaine, et qui la rapprochent des droits réels sous le rapport des conditions de son exercice. La possession *annale* a ainsi remplacé , dans le droit français, la possession *momentanée* de la jurisprudence romaine.

L'un et l'autre des points de vue, adoptés pour considérer la possession dans la législation de Rome et dans la nôtre, sont admissibles et vrais dans une certaine mesure. Celui du Droit français est le plus complet et le plus fécond ; il rattache le fait et le droit, la possession et la propriété par une liaison conforme à leurs rapports théoriques ; il établit l'analogie entre leurs moyens de défense. Distinguant plus nettement le possessoire et le pétitoire par l'interdiction du cumul , il les subordonne entre eux et les rapproche par un but commun qui est la manifestation et la protection du droit de propriété. Enfin il donne à la possession légale et à la prescription une base commune et fait cesser la distinction ancienne entre la *possessio ad usucapionem* et la *possessio ad interdicta.*

Observer attentivement, dans le développement des actions possessoires, la découverte successive de ces aspects divers et les conséquences spéciales à chacun d'eux au milieu du croisement des traditions juridiques les plus diverses, c'est en même temps aborder un des problèmes les plus intéressants de l'histoire du droit et se procurer un moyen sûr de pénétrer l'esprit de cette branche de la législation.

Nous étudierons par conséquent l'histoire des actions possessoires avant d'approfondir leur utilité pour la défense et la protection de la propriété.

CHAPITRE III.

Des actions possessoires dans les législations d'Athènes et de Rome.

En essayant de tracer une esquisse philosophique de l'histoire des actions possessoires, nous avons à tourner d'abord nos regards vers les institutions de la Grèce, berceau de notre civilisation moderne.

Il existe malheureusement trop peu de documents précis relativement à la protection que les législateurs grecs pouvaient avoir accordée à la possession.

Il est certain, cependant, qu'à l'exception de Lacédémone, la plupart des cités helléniques avaient développé à un degré assez élevé le droit de la propriété dans leurs institutions. Chez les Athéniens, comme en Italie chez les Étrusques et plus tard chez les Romains, un dieu Terme ($\delta\rho\iota\circ\varsigma$ $\Theta\epsilon\circ\varsigma$) veillait sur les limites des héritages[1]; Solon avait déposé dans ses lois des règlements variés et minutieux sur les servitudes prédiales[2]. Cette application et cette tendance du législateur induisent à penser qu'il devait exister quelque chose d'équivalent à nos actions possessoires dans la législation d'Athènes.

Tel est, en effet, le résultat des investigations historiques auxquelles se sont livrés, à la suite de Sigonius[3], divers savants allemands, Hudtwalcker, Boeckh[4], Meier, Schoeman[5].

---

[1] Sur le culte du dieu Terme, son origine et ses formes, ainsi que sur le caractère religieux du bornage et des pratiques agrimensurales *sous les influences théocratiques de l'antiquité*, V. Recherches, etc., par Giraud, chap. 2 et 3.

[2] Pastoret, Histoire de la législation, t. VII, p. 122.

[3] « Cæterum $\dot{\epsilon}\xi\circ\upsilon\lambda\eta\varsigma$ $\delta\dot{\iota}\varkappa\eta\nu$, dit Sigonius, intendebant ii qui se à rebus suis arceri dicerent iis à quibus arcerentur, dicta verò est $\dot{\alpha}\pi\grave{\circ}$ $\tau\grave{\circ}\nu$ $\dot{\epsilon}\xi\epsilon\lambda\lambda\epsilon\iota\nu$ quod est dejicere; auctore autem Polluce, quoties quis eum qui publicè emisset rebus emptis frui non pateretur aut victorem quæ vicisset; sed aut possidentem dejiceret aut possidere prohiberet aut ipse qui deberet aut alius pro eo. » (*De republica Athen.*, liv. 3, cap. 1.)

[4] Économie politique des Athéniens, traduction de Laligant, t. II, p. 125 et s.

[5] *Der attische Prozess.* Halle, 1824, p. 45, 164, 186, 379, 460, 485, 493, 740.

L'action d'*expulsion* (δίχη ἐξούλης), dont ils ont tous traité, protégeait originairement, à Athènes, la possession des immeubles, et plus tard aussi celle des choses mobilières [1]. Elle ne s'appliquait pas seulement au cas de dépossession matérielle et violente, mais encore à celui de résistance à la reprise de possession, avec violence simplement fictive (ἐξαγωγή) [2], et même au cas de simple trouble; du moins cela est-il constaté expressément pour les biens acquis de l'État [3]. Cette même action s'accordait encore à l'héritier nécessaire ou au créancier gagiste dont la prise de possession [4] était l'objet d'une résistance.

Portée devant le tribunal des Thesmothètes [5], elle emportait avec elle, lorsqu'elle était justifiée, une amende envers l'État égale à la valeur de la chose à restituer au plaignant, et qui, jusqu'à son acquittement, entraînait contre le condamné une sorte d'infamie [6].

Hors cette institution remarquable du droit athénien, qui ne nous est connue que par des documents peu complets, nous ne trouvons pas dans les législations grecques de véritable système

---

[1] Une autre action (δίχη βιαίων) exercée devant le tribunal des Quarante s'appliquait aussi à l'enlèvement des choses mobilières. De là, question de savoir quelle était la différence d'utilité de ces deux actions, qui toutes les deux entraînaient une amende lorsqu'elles étaient justifiées. D'après Boeckh, la différence pouvait consister en ce que l'action d'*expulsion* ne se serait appliquée qu'aux choses mobilières adjugées par une sentence ayant force de chose jugée, ou retenues par le débiteur, quoique affectées au gage d'une créance.

Meier et Schoemann expliquent, d'un autre côté, que la δίχη βιαίων ne s'exerçait qu'à la suite d'une violence matérielle, mais que la δίχη ἐξούλης se donnait aussi au citoyen dépossédé par la violence symbolique ou feinte.

[2] Cette procédure fort peu connue consistait, à ce qu'il semble, dans une tentative de prise de possession repoussée par le détenteur.

[3] Pollux, cité par Sigonius *suprà.*

[4] On croit voir réunis ici les interdits *adipiscendæ, retinendæ* et *recuperandæ possessionis.*

[5] Juridiction dirigée par six magistrats choisis au sort, et à laquelle appartenaient, d'après Meier et Schoemann (p. 62), toutes les affaires qui n'étaient pas expressément attribuées à une autre juridiction.

[6] Ce n'est pas ici le lieu d'approfondir la seconde application de l'action ἐξούλης, qui est, suivant nous, dérivée de la précédente. Cette action ne correspondait pas seulement, en effet, aux actions romaines *undè vi, quorum bonorum, quasi serviana;* elle répondait encore à l'*actio judicati,* mais était portée alors non devant les Thesmothètes, mais devant le tribunal qui avait prononcé la sentence à exécuter. — L'amende était aussi forte dans ce cas que dans l'autre; seulement Meier et Schoemann remarquent que, dans cette dernière application, la δίχη ἐξούλης ne donnait pas lieu à une estimation spéciale du montant de la condamnation, comme dans la sphère possessoire.

possessoire; et pour saisir le point de départ historique de cette branche du droit, nous devons nous tourner vers la législation de ce peuple, qui a préparé l'unité de la civilisation moderne non moins par le développement de son droit que par la force conquérante de ses armes.

En remontant aux origines du droit romain, on rencontre une époque pendant laquelle la possession [1] ne paraît avoir joui que d'une protection en quelque sorte incidente et accessoire aux débats sur la propriété.

C'était le règne des actions de la loi.

Le juge devant qui la revendication était portée recherchait le véritable possesseur, et lui conservait provisoirement pendant le procès la jouissance dont il était investi. Ce jugement préalable, rendu après le *manuum consertio*, portait le nom de *vindiciæ*.

« Posteà prætor secundùm alterum eorum vindicias dicebat, » id est interim aliquem possessorem constituebat eumque jube- » bat prædes adversario dare litis et vindiciarum id est rei et » fructuum : alios autem prædes ipse prætor ab utroque accipie- » bat sacramenti quod in publicum cedebat. » (Gaius, IV, § 16 [2].)

On sait qu'une irrégularité dans le jugement des vindices fut le signal de la mort du décemvir Appius Claudius, et le point de départ d'une des plus grandes révolutions de Rome.

Plus tard, quand les actions de la loi furent remplacées par la procédure des formules, la protection juridique de la posses-

---

[1] On a beaucoup discuté sur l'étymologie du mot latin *possidere*.

Ce qui est certain, c'est que l'idée de *siége*, de *résidence* (*sedere*) en fait l'élément principal, comme dans le mot allemand correspondant *Besitzen*.

L'idée de possession a été comprise d'une manière plus large dans le droit français que dans le droit romain, sous le rapport du nombre des objets auxquels elle s'applique.

A Rome, elle paraît s'être uniquement attachée aux choses corporelles : « Pos- » sideri autem possunt quæ sunt corporalia » (D., *De acq. vel amitt. possess.*), et dans certains cas aussi aux servitudes (*V.* L. 3 et 7, D., *De itin. actuque pri- vato*).

En droit français, l'état des personnes et certains droits, tels que les rentes, ont été considérés comme susceptibles de possession. La possession des rentes était même protégée, au moyen âge, par les actions possessoires.

[2] Cette procédure paraît avoir été propre aux lois romaines. « Les lois athé- niennes, disent Meier et Schoemann, comme celles de Zaleucus et celles de Rome, laissaient la possession, dans les procès réels, à celui qui l'avait déjà ; mais il est très-douteux que ces lois aient contenu des dispositions pour établir comment la pos- session serait préalablement réglée lorsqu'elle était elle-même litigieuse. » P. 493.

sion fut organisée sur un vaste plan dont il importe de bien saisir et déterminer l'ensemble, parce que la connaissance de ce système servira en quelque sorte de fond au tableau des transformations historiques du système des actions possessoires que nous devons parcourir.

Les bases de la jurisprudence romaine sur la matière qui nous occupe peuvent être résumées dans quelques propositions larges, simples et précises.

La possession de bonne foi seule était protégée par le vieux droit civil de Rome. A elle seule le double bénéfice de l'usucapion et de l'acquisition des fruits. Les préteurs instituèrent même à son profit l'action publicienne, qui anticipait pour l'usucapion commencée la protection accordée par le droit civil à l'usucapion accomplie [1].

L'équité et le repos public durent exiger toutefois une extension de la protection prétorienne à la situation des possesseurs dépourvus d'un juste titre d'acquisition, mais auxquels ne pouvait être fait aucun reproche de clandestinité, de violence ou de précarité. Eussent-ils même possédé avec quelques-uns de ces vices, l'ordre public ne pouvait autoriser contre eux l'emploi de violences accomplies avec des circonstances alarmantes pour la paix publique.

Ainsi dut se faire sentir la nécessité d'un système de défense protégeant la possession, quels que fussent son ancienneté, la nature des choses auxquelles elle s'appliquait et le caractère même des attaques dirigées contre elle.

De là sortit sans doute, au moins en partie, le système varié de la défense possessoire que nous trouvons existant dans le droit romain à l'époque de Cicéron, **et** qui s'est perpétué sous diverses transformations jusqu'à la législation justinienne.

La forme spéciale des interdits qui constituèrent les moyens de la défense possessoire, bien que son origine précise soit entourée du mystère d'une haute antiquité, peut être, jusqu'à un certain point, rationnellement expliquée.

Lorsqu'une question de propriété ou d'obligation était agitée

[1] Publicius, fondateur de l'action, paraît avoir été antérieur à Cicéron. *V.* note de Pothier, dans ses Pandectes, liv. 6, chap. 2.

en justice, le préteur posait au juge la question à laquelle celui-ci devait répondre. Cette position de la question litigieuse au *Judex* était le nerf même de l'action ; elle saisissait le juge du droit de condamner, et suspendait la fonction du préteur.

Lorsque la possession était l'objet d'un trouble, la même marche eût pu rigoureusement être suivie ; elle l'était même quelquefois, lorsqu'il existait un obstacle à l'emploi de l'interdit, par exemple lorsque l'interdit *undè vi*, motivé en fait entre l'ascendant et le descendant, l'affranchi et le patron, était refusé par la loi et remplacé par l'action *in factum* [1].

Cependant tout faisait désirer la plus prompte répression des troubles possessoires.

Les besoins de l'ordre public, la nature de la possession, dont l'intérêt réside en grande partie dans son actualité, la facilité pour les parties de se rendre justice dans des questions du domaine du fait, toutes ces causes réunies durent amener le préteur à intervenir et à s'efforcer de terminer le litige en interposant son autorité.

Sans instruction préalable, mais en présence des deux parties, le préteur prononçait donc un ordre provisoire consistant soit dans un commandement positif, *restituas exhibeas*, soit dans une défense : *veto, ne quid facias* [2].

Si le défendeur se rendait à cette injonction, le but du magistrat était atteint, et il n'y avait plus qu'à vérifier l'exécution [3]. S'il en était autrement, cette ordonnance ou *l'interdiction* proprement dite devenait le préambule d'une action dont elle contenait quelquefois en termes formels l'annonce et la menace

---

[1] « Meliùsque erit in factum actionem eis competere. » (Ulpien, l. 1, § 43.)

[2] M. de Savigny et M. Mittermaier ont comparé ce mode de procéder avec celui connu en Allemagne sous le nom de *Mandatsprozess*. Cette dernière procédure, dans laquelle le juge décrète un ordre préalable au débat, comme dans les interdits romains, a été principalement circonscrite, dans l'ancien droit allemand, aux cas où le juge rencontrait les faits suivants : *Factum nullo jure justificabile. — Damnum irreparabile. — Detrimentum reipublicæ. — Periculum in mora.* Mittermaier, qui a traité de cette procédure parmi les procédures sommaires allemandes (*Der Gemeine deutsche bürgerliche Prozess. Beitrag.*, IV, p. 191 à 223), montre les avantages relatifs qu'elle produit en abrégeant les délais dans les pays de procédure écrite.

[3] « Ad judicem recuperatoresve itur et ibi editis formulis quæritur an aliquid adversùs prætoris edictum factum sit vel an factum non sit quod is fieri jusserit. » (Gaius, Comm., IV, § 141.)

préalables : *Judicium dabo : decreto comprehendam*. L'action née de l'interdit forçait alors la réparation qui n'avait pas été volontairement consentie, et la défense de la possession rentrait en définitive dans le moyen général de protection de tous les droits, c'est-à-dire l'action proprement dite.

Malgré ces motifs assez rationnels de l'établissement des interdits possessoires dans le droit romain, Niebuhr et Savigny [1], suivant à ce qu'il paraît les lueurs d'un système entrevu déjà par Alciat et Brisson [2], ont rattaché l'origine de ces procédures spéciales à un grand fait propre à la société romaine, et qu'ils ont mis savamment en relief, à savoir la jouissance de l'*ager publicus* par un certain nombre de citoyens.

Savigny suppose même que, sans ce fait, le droit de propriété eût pu suffire aux Romains, et la notion de la possession, comme la nécessité des interdits, eût pu rester inconnue à leurs jurisconsultes [3].

Cette proposition a, suivant nous, le tort de trop complétement sacrifier à une induction plausible sans doute [4], mais en définitive *hypothétique* [5], la puissance naturelle et en quelque sorte spon-

---

[1] *V*. Traité de la possession, § 12.

[2] *V*. Recherches, etc., par Ch. Giraud; p. 208.

[3] P. 196, traduction de Faivre.

[4] Cette induction a été adoptée et savamment développée par M. Giraud, *ibid.*, p. 185 et suiv. M. Lerminier se l'est aussi appropriée.

[5] Savigny, pour justifier sa théorie, fait remarquer, d'un côté, que la procédure de la *manus consertœ* suffisait pour préparer l'instance sur la propriété, en fixant les rôles de demandeur et de défendeur, et, d'autre part, que les interdits n'ont pu être destinés à protéger l'usucapion commencée, puisqu'ils ne sont pas fondés comme celle-ci sur la possession de bonne foi.

Mais on peut répondre à cette argumentation (sans rechercher s'il n'y avait pas eu quelque intérêt à placer à côté des actions de la loi, avant leur désuétude complète, une procédure plus simple et plus prompte), que dans tous les cas où le débat sur le *domaine* n'était pas engagé, et où aucune des parties se disputant la possession n'élevait la question de propriété, il fallait cependant bien alors pourvoir d'une manière propre à la défense du possesseur dont le droit était violé et transgressé par des voies de fait.

Le savant allemand et ses adhérents ajoutent que le mot *possessio* a été souvent employé pour désigner la jouissance de l'*ager publicus* comme celle des immeubles provinciaux sujets à la propriété bonitaire; mais cette extension de sens du mot *possessio*, qui peut s'expliquer au besoin par une déviation assez naturelle lorsqu'il s'agissait de qualifier des droits inférieurs au *domaine* proprement dit, ne nous paraît pas une preuve directe et absolue de l'établissement des interdits possessoires en vue spéciale de l'*ager publicus*.

Il est encore vrai, suivant une autre réflexion de Savigny, que l'interdit *recuperandæ possessionis* (sauf ce qui concerne l'*utrubi*) ne s'est appliqué qu'aux

tanée des intérêts que la possession isolée de la propriété résume dans tout ordre social.

Sans dédaigner les inductions ingénieuses et les rapprochements savants du chef de l'école historique allemande, nous reconnaîtrons donc aussi l'énergie autonomique de la raison et du besoin social, qui à Rome comme à Athènes, et partout où le droit s'est développé, ont dû faire sortir les actions possessoires de la nature et de la force impérieuse des faits, et qui, même dans le système de Niebuhr, doivent expliquer sinon la création même des interdits, au moins leur application simultanée aux possessions privées comme aux possessions publiques.

Nous n'avons point pour but d'étudier en détail les divers *interdits* du droit romain, mais nous devons nous arrêter aux principaux d'entre eux, à ceux surtout qui semblent s'être particulièrement reproduits dans la pratique moderne.

Pour assurer une garantie complète contre les troubles auxquels la possession peut être exposée, les jurisconsultes romains distinguèrent deux cas principaux de perturbation possessoire, en dédoublant sous ce rapport l'action unique qui paraît avoir été usitée à Athènes, et dont nous avons parlé plus haut. Si le possesseur était expulsé, sa réintégration était nécessaire. S'il n'était qu'*empéché*, *gêné* dans l'exercice de sa possession, il suffisait de faire cesser par une prohibition l'obstacle apporté au libre exercice de la possession.

De là les deux interdits qui jouent le rôle le plus important dans la jurisprudence romaine et dans l'histoire subséquente des actions possessoires.

1° L'interdit *undè vi* ou restitutoire, subdivisé pendant quelque temps en deux branches distinctes : l'interdit *de vi quoti-*

Immeubles. Mais cette circonstance, que l'écrivain illustre rattache à la nature immobilière de l'*ager publicus*, ne s'explique-t-elle pas aussi bien par les raisons qui frappaient Ulpien lorsqu'il écrivait dans la loi 1, § 6, D., *De vi et de vi armata :* « Illud utique in dubium non venit interdictum hoc ad res mobiles non pertinere, nam ex causa furti vel vi bonorum raptorum actio competit : potest et ad exhibendum agi. » raisons qui semblent toucher M. de Savigny lui-même lorsqu'il reconnaît que les trois actions mentionnées par Ulpien couvraient la plupart des cas de dépossession d'une chose mobilière, et qu'enfin l'interdit *utrubi* suffisait à combler toute lacune? (Traduction citée, p. 492 et suiv.)

diana et celui *de vi armata*, l'un et l'autre applicables suivant la nature des voies de fait qui avaient accompagné la spoliation.

2° L'interdit *uti possidetis*, de nature prohibitoire.

Le premier de ces interdits a été appelé souvent interdit *recuperandæ possessionis*, le second interdit *retinendæ possessionis*.

La formule de celui-ci était conçue en ces termes :

« Uti eas ædes quibus de agitur nec vi nec clam nec precario
» alter ab altero possidetis, quominùs ità possideatis vim fieri
» veto. »

L'interdit *undè vi* est exprimé par la formule suivante dans la compilation justinienne :

« Undè tu illum dejecisti aut familia tua dejecit de eo quæque
» ille tunc ibi habuit tantum modò intrà annum, post annum de
» eo quod ad eum qui vi dijecit pervenerit..... judicium dabo. »

Autrefois la formule se terminait par ce mot, *restituas* (Savigny, traduction citée, p. 478); elle mentionnait aussi pour l'interdit *de vi quotidiana* la possession non vicieuse. Enfin elle ne renfermait pas les mots : *post annum de eo quod ad eum qui vi dejecit pervenerit.*

Ces deux interdits avaient entre eux plusieurs points de contact et aussi quelques différences.

Quoique les termes de l'*uti possidetis* fussent uniquement préventifs, cet interdit renfermait en réalité presque toujours, comme l'*undè vi*, une portée répressive. L'obligation, par exemple, de détruire tout ce qui aurait pu produire un obstacle permanent à la possession était une conséquence naturelle de cet interdit [1].

Les deux interdits reposaient sur l'idée d'une violence à arrêter ou à réparer. Toutefois le mot *vis* avait en fait un sens différent, suivant l'une ou l'autre des formules.

La voie de fait qui servait de base à l'*undè vi*, et même à l'interdit *de vi quotidiana*, équivalait (peut-être à cause de sa combinaison avec l'idée d'expulsion) à ce que nous appelons *violence: ad solam autem atrocem vim pertinet hoc interdictum*, dit

---

[1] « Si vicinus meus in parte mea tectoria habeat et in parte sua uti possidetis mihi efficax est ut ea tollere compellatur. » (Ulpien, L. 3, § 9, D., *Uti possidetis.*)

Ulpien (L. 1, § 3, *De vi et de vi armata*). Au contraire la voie de fait *vis*, dont il est question dans la formule de l'*uti possidetis*, ne représente pas nécessairement l'idée d'une violence dirigée contre les personnes. Elle désigne tout acte réalisé en dehors der termes du droit [1].

Y eût-il eu, du reste, violence employée, si le possesseur y avait donné une adhésion, même forcée, l'idée renfermée par les jurisconsultes romains dans le mot *vis*, n'était plus applicable à cause du concours de la volonté du possesseur [2].

« Si rerum tibi possessionem tradidero, dicit Pomponius, » undè vi interdictum cessare quoniam non est vi dejectus qui » compulsus est in possessionem inducere. » (L. 5, D., *De vi et de vi armata*. Ulp., lib. II, *ad edict.*)

Les deux interdits *uti possidetis* et *undè vi* n'étaient destinés qu'à protéger la possession exempte de vice, celle qui existait *nec vi nec clam nec precario ab adversario*. On ne pouvait imposer l'obligation de respecter la possession d'un adversaire à celui qui en avait été dépouillé lui-même par contrainte, ou l'avait toujours ignorée, ou avait dû voir dans le détenteur précaire son simple représentant.

Les termes mêmes de la formule pour l'*uti possidetis* exprimaient cette condition. Les jurisconsultes l'avaient consacrée pour l'interdit *de vi quotidiana*, et il était fait seulement exception pour le cas de violence armée. « In illa vi quotidiana non » satis est docere se quùm possideret esse dejectum, nisi doceat » ità se possedisse ut nec vi nec clam nec precario possideret. » (Cicéron, *pro Cæcina*, c. 32.)

Aux derniers mots de ce passage, Pothier ajoute en les citant, et pour indiquer que le vice de la possession ne pourrait être que relatif : *Nimirùm ab eo qui vi dejectus est*, et il cite avec raison à ce propos la loi 1, § 30, *De vi et de vi armata*.

---

[1] Ainsi dans la loi 21, *De aqua et aquæ pluviæ arcendæ*, Pomponius dit : « Si in meo aqua erumpat quæ ex tuo fundo venas habeàt, si eas venas incideris et ob id desierit ad me aqua pervenire, tu non videris *vi* fecisse si nulla servitus mihi eo nomine debita fuerit : nec interdicto quod vi aut clàm teneri. »

[2] C'était l'interdit *quod metus causa* qui était reçu en ce cas : « Si per vim tibi possessionem tradidero, dicit Pomponius huic edicto locum esse. » (L. 9, *Quod metus causa*. Ulp., lib. 2, ad edict.)

La nature des deux interdits que nous comparons était différente sous quelques autres rapports.

L'interdit *undè vi* supposant une violence plus grave, entraînait quelque chose d'odieux pour celui contre lequel il était dirigé : il n'était pas donné, pour ce motif, entre l'ascendant et le descendant, entre le patron et l'affranchi, à moins que la violence n'eût été exercée à l'aide des armes [1].

Le simple trouble étant moins grave que l'expulsion complète, l'interdit destiné à réprimer l'un des cas se prescrivait plus aisément que celui réservé pour l'autre.

Ainsi la durée de l'interdit *uti possidetis* était purement annale, et le préteur disait : « Intrà annum quò primùm expe- » riundi potestas fuerit agere permittam. »

Il en était probablement de même dans l'origine de l'interdit *de vi quotidiana;* mais une interpolation de Tribonien fit survivre au terme de l'année une partie de l'efficacité de l'interdit *undè vi.*

Ulpien avait dit de l'interdit *de vi armata : et post annum redditur.* En même temps qu'il généralisa ce texte, Tribonien y ajouta : *In id quod pervenit ad eum qui prohibuit (V.* L. 3, § 12, D., *De vi et de vi armata* [2]). L'interpolation de Tribonien fut insérée dans la formule même, et le jurisconsulte mit dans la bouche du préteur ces mots : *post annum de eo quod ad eum qui vi dejecit pervenerit.*

Cette prolongation dès effets de l'interdit *undè vi* a donc été le résultat d'une fusion arbitraire et pour ainsi dire transactionnelle des règles de cet interdit avec celles de l'interdit spécial *de vi armata*, qui avait existé originairement dans la jurisprudence romaine.

Les deux interdits *uti possidetis* et *undè vi* supposaient la préexistence de la possession de la part de ceux qui y avaient recours. Pour l'interdit *uti possidetis*, il fallait posséder actuellement; pour l'interdit *undè vi*, il fallait n'avoir cessé de posséder que par une voie de fait. Pothier et d'autres jurisconsultes ont pensé que la condition de possession préexistante n'était point

---

[1] Pothier, t. XVI, liv. 3, § 27.
[2] Pothier, Pandectes, t. XVI, liv. 43, § 37.

nécessaire pour l'exercice de l'interdit *de vi armata*, et ils ont induit cette conséquence d'un texte de Cicéron dans son discours *pro Cæcina*. Mais Savigny nous paraît avoir expliqué heureusement ce passage en démontrant que l'histoire du droit ne saurait s'approprier une argumentation sophistique dictée à l'avocat romain par les besoins de sa cause [1].

Cette condition préalable, commune aux deux interdits, donnait lieu à l'application des règles spéciales développées par le jurisconsulte relativement à l'acquisition et à la perte de la possession.

Le principe général en cette matière résidait, d'une part, dans la nécessité originaire d'une double condition physique et morale pour l'acquisition de la possession, à savoir l'appréhension matérielle et l'*animus possidendi*, et, d'autre part, dans la suffisance ultérieure d'un simple fait moral et volontaire pour retenir [2] ou perdre la possession déjà acquise [3].

Pour comprendre sainement ces règles, il faut cependant remarquer que le fait moral suffisant pour la rétention de la possession, l'*animus possidendi*, ne résidait pas uniquement dans un fait psychologique ; de telle sorte que le désir de posséder suffit à lui seul pour retenir en tout cas la possession. L'*animus possidendi* paraît avoir désigné seulement la conscience raisonnable de cette faculté de disposer de la chose qui constitue la possession [4].

Aussi la violence, quoiqu'elle ne fût qu'un fait physique, pouvait-elle faire perdre la possession en ôtant l'espoir à l'expulsé de rentrer sur le fonds qu'il détenait antérieurement, quels que fussent à cet égard son désir et sa volonté ?

« Si quis nuntiet domum à latronibus occupatam, et dominus
» timore conterritus noluerit accedere, amisisse eum possessio-
» nem placet..... Nàm constat possidere nos donec aut nostrâ

----

[1] Traité de la possession, § 40.

[2] L. 3, D., *De acquirenda vel amitt.*, § 11. L. 4, c. h. t.

[3] « Itaque si in fundo sit et tamen nolis eum possidere, protinùs amittis possessionem. » (L. 3, § 6, D., *De acq. vel amitt. possess.* L. 17, § 1, *ibid.*)

[4] « Si dùm in alia parte fundi sum, alius quis clàm animo possessoris intraverit, non desiisse illicò possidere existimandus sum : facilè expulsurus finibus, simul sciero. » (L. 18, § 3, D., *De acquir. vel amitt. possessione.*)

» voluntate discesserimus aut vi dejecti fuerimus. » (L. 3, §§ 8 et 9, D., *De acquirenda vel amitt. possess.*)

Pour constater le fait de possession, le jurisconsulte romain avait donc à s'attacher à des circonstances nombreuses qui pouvaient modifier l'apparence extérieure des faits et éclaircir l'acte contesté d'acquisition ou de perte de la possession. Mais là où la possession était certaine, peu importait, nous l'avons déjà dit, sa durée ; et n'eût-elle daté que d'un instant, les interdits dont nous avons parlé devaient la protéger.

Telles étaient, en résumé, les règles observées relativement aux immeubles.

En fait de meubles, les principes étaient fort différents.

Ce genre de biens passant de main en main avec la plus grande facilité, les jurisconsultes voulurent qu'une certaine durée consacrât la possession des meubles et lui imprimât un caractère légal et digne de protection. Ils exigèrent à cet effet que la possession eût été exercée plus longtemps par le plaignant que par son adversaire, dans la dernière année avant le procès. A cette condition, ils lui accordèrent le bénéfice de l'interdit *utrubi*, formulé en ces termes, spécialement applicables à la possession d'un esclave : « Utrubi hic homo quo de agitur majore parte hujusce » anni fuit quominùs is eum ducat vim fieri veto. »

Cette base d'une certaine durée nécessaire pour consacrer la possession des objets mobiliers étant adoptée, il était difficile qu'elle perdît toute valeur en présence d'une dépossession momentanée. La logique des idées ne permettait guère d'anéantir, par un seul instant d'interruption, le résultat d'une occupation prolongée. Aussi cette possession légale, consacrée en fait de meubles, entraîna-t-elle une sorte de *droit de suite* qui résistait à une courte dépossession : l'interdit *utrubi* fut donné lors même que celui qui le réclamait n'était plus possesseur au moment de sa demande, pourvu qu'il l'eût été pendant la majeure partie de l'année. Il put donc être rapproché à la fois des interdits ayant pour but de faire recouvrer et de ceux ayant pour but de conserver la possession. « L'interdit *utrubi*, a dit Savigny[1], est *retinendæ possessionis ;* seulement, par une fiction particulière, on

---

[1] Traduction de Faivre, p. 470.

considère la possession de la *major anni pars* comme possession *actuelle*. Or si le demandeur n'est pas en même temps possesseur actuel, le refus actuel de la chose constitue la violation formelle. Peu importe que, dans ce cas, l'adversaire ait enlevé avec violence la possession du demandeur, ou qu'il l'ait acquise d'une manière irréprochable. Il peut arriver que les deux choses (le *major anni pars* et la violence) coïncident; mais ce concours n'est qu'accidentel, et cette circonstance éclaircit très-bien la différence essentielle qui sépare notre interdit des interdits *recuperandæ possessionis*. Cependant on ne peut nier que le concours, bien qu'accidentel, ne puisse effectivement avoir lieu dans le plus grand nombre de cas; de sorte qu'alors cet interdit, quant au résultat pratique, rend absolument le même service que s'il était *recuperandæ possessionis*. »

Par un renversement assez étrange, nous trouverons dans l'époque moderne la possession des immeubles réglée et protégée d'une manière analogue, sous quelques rapports, au système de l'interdit *utrubi ;* et tandis que nous rencontrerons dans cet ordre de possession la sanction d'une durée légale, cette même garantie nous échappera précisément là où les Romains la consacraient avec soin, c'est-à-dire dans la sphère de la possession mobilière.

Ce contraste ne tient pas à ce que le droit romain aurait méconnu plus que le droit moderne combien l'appropriation des meubles s'opère plus aisément que celle des immeubles. Il avait fort abrégé les délais de l'usucapion et de la prescription pour les meubles. Mais la facilité des mutations de possession pour ce genre de biens, surtout pour les esclaves, avait sans doute engagé les préteurs à créer, pour l'acquisition de la possession mobilière, des garanties spéciales.

A côté des trois interdits possessoires dont nous avons parlé, le droit romain en comptait plusieurs autres, sortes de satellites destinés aussi à protéger diverses possessions contre des atteintes particulières. Cette spécialisation variée des interdits romains était tout à fait analogue à ce qui avait lieu pour les actions à Rome [1] ainsi qu'à Athènes. Le droit français, en généralisant

---

[1] Sur les analogies formalistes de la procédure anglaise avec l'ancienne procédure romaine, *V*. Delolme, Constitution d'Angleterre, l. 1, chap. 10.

l'idée de l'*action* comme protectrice de tout droit lésé, a soumis cette partie de la procédure à un système d'unité remarquable par sa grandeur et sa simplicité.

Sans rappeler ici les interdits protecteurs des voies publiques et des rivières, il y avait des interdits particuliers destinés à défendre la possession superficiaire, celle des chemins privés, des sources, des prises d'eau, en un mot l'exercice de toutes les servitudes.

Les formules et les règles de ces interdits n'offrent en général rien de remarquable. Il y a lieu de noter cependant que lorsqu'il s'agissait de protéger l'exercice de certains droits discontinus dans leur application, il fallait, pour tirer parti de l'interdit relatif à ces servitudes, que le plaignant pût constater sa possession par des actes récents et en général accomplis depuis moins d'une année.

S'agissait-il, par exemple, d'assurer l'usage d'un chemin, le préteur disait : « Quo itinere actuque privato quo de agitur vel » via hoc anno nec vi nec clàm nec precario ab illo usus es quo— » minùs ità utaris vim fieri veto. »

S'agissait-il d'une eau *quotidienne*, le préteur disait : « Uti » hoc anno aquam duxisti. »

Pour les eaux d'été, la formule était : « Uti priore æstate..... » aquam duxisti. »

Il n'était point question d'une véritable possession annale dans ces divers cas, mais seulement de quelques actes de possession accomplis dans l'année. Aussi la loi 1, § 2, D., *De itinere actuque privato*, s'explique-t-elle en ce sens : « Si modò anno » usus est vel modico tempore, id est non minùs quàm triginta » diebus. »

La loi 1, § 4, *De aqua cottidiana et æstiva*, est encore plus précise : « Uti hoc anno aquam duxisti hoc est non cottidie sed » una die vel nocte. » Cette condition générale avait pour but de garantir moins la durée de la possession que son caractère récent, en écartant les actes trop anciens. L'année était introduite ici aussi bien en faveur du possesseur que contre lui; car à raison de l'exercice discontinu des droits, le délai le plus court eût été souvent le plus gênant pour lui : « Itinere vel via non semper

» utimur nisi quùm exegerit, » dit très-bien le jurisconsulte romain, L. 1, § 2, D., *De itinere.*

C'est donc par un rapprochement quelque peu forcé, que
Domat a cité les termes de l'un de ces interdits comme justifiant
nos principes français sur la possession annale [1].

Ainsi que nous l'avons indiqué plus haut, les Romains, dans
la protection dont ils environnaient la possession, s'étaient peu
préoccupés des rapports qui la rattachent à la propriété. L'esprit
d'analyse des jurisconsultes de Rome tendait surtout à isoler et
à placer dans un contraste respectif ces deux choses que la
synthèse du droit français réconcilie par des liens intimes.

« Nil commune habet proprietas cum possessione..... » Cette
maxime d'Ulpien entraînait comme corollaire immédiat cette
autre idée que les débats sur la possession n'avaient rien de commun avec ceux qui étaient relatifs à la propriété. Aussi le jurisconsulte tirait-il aussitôt cette conséquence : « Et ideo non dene-
» gatur ei interdictum qui cœpit rem vindicare ; non enim videtur
» possessioni renuntiasse qui rem vindicavit. » (L. 12, D., *De
acq. vel. am.*) L'interdit *undè vi* pouvait, aussi bien que l'*uti
possidetis*, concourir avec les actions relatives au fonds du droit.
Papinien disait en effet : « Eum qui fundum vindicavit ab eo cum
» quo interdicto undè vi potuit experiri pendente judicio nihilo-
» minùs interdicto rectè agere placuit. » (L. 18, § 1, D., *De vi
et de vi armata.*)

Ainsi, pour parler le langage d'une époque postérieure, le
possessoire et le pétitoire ne furent placés pour le jurisconsulte
romain dans aucune subordination mutuelle, et ils pouvaient
être librement cumulés.

Le système des interdits, dont nous venons de retracer les éléments principaux, fut celui de la jurisprudence romaine florissante. Plus tard il fut soumis à de graves modifications.

Les formules des actions ayant disparu, celles des interdits
tombèrent pareillement en désuétude. La tendance à la simplicité et à l'assimilation des formes, qui se faisait progressivement
jour dans la jurisprudence romaine, fit supprimer le préambule

---

[1] *Lois civiles*, l. 3, tit. 7, section 1, § 16.

de l'interdit, et on dut en venir directement à l'action. « Perindè
» judicatur sinè interdictis ac si utilis actio ex causa interdicti
» reddita fuisset [1]. »

Les interdits ne subsistèrent donc plus que d'une façon nominale, et pour désigner les actions intentées à leur place.

Leurs anciens caractères reçurent en même temps des modifications nombreuses.

L'interdit *utrubi* fut assimilé à l'*uti possidetis*, et l'on n'exigea
point une durée de possession plus longue pour les meubles que
pour les immeubles (§ 4, *Inst. de interdictis*, L. 1, § 1, D., *De
utrubi*).

Mais l'interdit *undè vi* reçut surtout une extension et une aggravation considérables. Aux prises avec un ordre social en décomposition, le législateur du Bas-Empire semblait lutter contre
les abus avec cette roideur qui est souvent le propre de la faiblesse.

A l'exemple de l'ancien interdit *de vi armata*, l'*undè vi* fut
accordé même à celui qui possédait d'une manière vicieuse (§ 6,
Inst. de interd.).

Appliqué à la fois aux meubles et aux immeubles [2], il reçut
dans cette double sphère la sanction rigoureuse d'une législation
jalouse d'imposer aux mœurs un caractère chrétien, et irritée
contre l'affaiblissement de l'ordre public inhérent peut-être à la
dissolution de l'empire.

Valentinien imitant la sévérité dont quelques-uns de ses prédécesseurs paraissent lui avoir donné l'exemple [3], voulut, et sa
législation fut confirmée sur ce point par Justinien [4], que l'auteur
de la violence perdit la propriété même de sa propre chose s'il
l'avait enlevée indûment, et payât la valeur de celle d'autrui à
titre de peine dans le cas analogue.

Justinien, dans la constitution II, au code *Undè vi*, accorda,

---

[1] Instit. de Justinien, lib. 4, c. 15, § ult.

[2] *V.* à cet égard le Traité de la possession de Savigny, traduction de Faivre,
p. 495. Instit. de Justinien, § 1, *De vi bonorum raptorum.*

[3] C'est du moins ce qui paraît résulter de ces mots insérés au préambule de la
constitution de Valentinien : « Merito præcedentium inclytorum principum parentumque nostrorum statuta renovamus. » (*Jus civile antejustinianum.* Berolini,
p. 1298.)

[4] C. 7, *Cod. undè vi. Inst. de interdictis*, § 6.

d'un autre côté, les ressources de l'ancienne juridiction *pro res-tituenda possessione*, c'est-à-dire l'*undè vi* au citoyen absent auquel on aurait enlevé sa possession momentanément sans défense.

Divers empereurs, tels qu'Honorius et Théodose (L. 3, *Cod. qui legit. pers.*), Arcadius et Honorius (L. 8, *C. undè vi*), mentionnèrent aussi dans leurs constitutions une action et un interdit qu'ils appelaient *momentariæ possessionis*. Était-ce là, suivant l'opinion de Cujas, un nouveau remède institué pour secourir d'une manière générale tout possesseur privé de sa chose, voie d'action qui aurait rendu les anciens interdits inutiles? Le silence de Justinien, soit dans ses Institutes, soit dans ses constitutions [1], sur cette prétendue action *momentariæ possessionis*, nous porte à ne voir dans cette dénomination qu'une nouvelle désignation de l'*undè vi*, adoptée peut-être depuis la cessation de l'*ordo judiciorum*, et appropriée à la nouvelle extension pratique de cet interdit [2]. Aussi, dans une constitution de Constantin (L. 1, *Cod. si per vim vel alio modo*), voyons-nous la *restitutio momentariæ possessioni* rapprochée de l'action *recuperandæ possessionis*, la première accordée aux poursuites des représentants de l'absent, la seconde octroyée à l'absent lui-même après son retour. Ailleurs, *momentum* et *possessio* sont presque synonymes [3].

Telles furent dans l'empire romain la destinée des interdits et les transformations que subirent les principaux d'entre eux [4].

Avant même ces derniers changements, les institutions romaines furent renversées dans l'Occident par l'invasion de peu-

[1] L. 11, *Cod. undè vi.*

[2] *V.* en ce sens Savigny, p. 530 et suiv.

[3] « Cum de possessione et momento causa dicitur, » est-il dit dans une constitution de Valentinien insérée au Code Théodosien (*Jus civile antejustinianum*, p. 898).

[4] Les interdits ont été considérés sous un point de vue particulier par M. Ch. Giraud dans sa thèse sur les actions possessoires. Suivant le savant historien du droit, l'*uti possidetis* et l'*utrubi* se rattachaient à l'ancienne procédure des Douze Tables, et constituaient les formules de décision employées dans la *Lis vindiciarum*. Cette théorie ingénieuse n'est peut-être pas suffisamment justifiée par les textes cités à l'appui.

M. Ch. Giraud fait très-bien ressortir le rôle que jouait l'*uti possidetis* préalablement aux débats sur la propriété, mais il n'en résulte certainement point que cet interdit n'eût aussi son application en dehors de toute contestation pétitoire.

ples nouveaux apportant avec eux des coutumes étrangères au monde romain. L'introduction de ces traditions nouvelles et leur mélange avec l'influence des lois romaines, ont imprimé au droit de l'Europe, et notamment à celui de la France, une physionomie distincte de tout caractère précédent. Nous devrons étudier le sort des notions juridiques sur la possession et sur la défense légale dans cette révolution générale qui embrasse toutes les parties du droit, et au milieu de laquelle le système des actions possessoires n'est pas épargné.

CHAPITRE IV.

**De l'origine et des transformations du principe légal de la possession annale
dans le droit français.**

La chute de la domination et de la juridiction romaines dans
les Gaules sous les coups de l'invasion franke, a donné lieu, dans
l'histoire des actions possessoires, comme dans celle du droit en
général, à une rénovation radicale suivie de tranformations successives dont les résultats, pour cette branche particulière du
droit, se manifestent avec netteté dans le cours du XIIIe siècle,
mais dont les principes générateurs ne se révèlent dans les siècles antérieurs que sous des formes confuses.

Le caractère des actions possessoires du droit moderne français, telles que nous les trouvons constituées, par exemple, dans
l'ouvrage de Beaumanoir, diverge profondément de celui des interdits romains dont nous venons de parler ; et cette différence
fondamentale n'a jamais pu être complétement effacée par la tendance des jurisconsultes français à rattacher aux traditions romaines, considérées comme raison écrite, les institutions propres au droit national.

Pour citer tout d'abord le trait le plus frappant de ce contraste,
quel jurisconsulte ne remarque point au premier coup d'œil que
la possession annale comme condition de l'exercice de nos actions possessoires, ou tout au moins de celle connue sous le
nom de *complainte*, est une institution essentiellement moderne,
et presque indifférente à la manière dont les jurisconsultes romains appréciaient cette matière, si ce n'est toutefois sous ce
rapport éloigné et imparfait que nous avons signalé au sujet des
meubles et des servitudes [1] ?

____

[1] La possession annale, dans le droit ancien de Rome, n'avait eu d'autres
effets relatifs à l'acquisition de la propriété que l'usucapion des meubles et celle
de l'hérédité délaissée par l'héritier. (Gaius, L. 2, §§ 52 à 55.)

Où chercherons-nous donc la source de ce principe nouveau, le plus saillant sans doute parmi ceux qui ont imprimé à nos actions possessoires ce caractère particulier qui les distingue de celles de l'antiquité ?

Cette question est si importante pour la transition du droit romain au droit français, elle nous paraît en même temps avoir des racines si profondes, qu'on nous excusera de regarder l'étude spéciale de l'origine et des transformations de la possession annale et de la saisine, dont elle est devenue la base, moins comme une digression que comme une nécessité indispensable de notre sujet.

Aux yeux d'un savant historien contemporain, la possession d'an et jour, cette *cérémonie* mystérieuse de notre droit français, pour parler le langage d'Étienne Pasquier, aurait tiré son origine des vieux usages de la Gaule ; effacée à demi par l'invasion des idées romaines, elle aurait reparu après la chute de l'empire, pour jouer aussitôt un rôle important devant les tribunaux. Les *interprétations* renfermées dans le Code d'Alaric l'auraient de nouveau sanctionnée, et de ce point de départ elle se serait répandue dans tout le système des actions possessoires au moyen âge.

Telle est la théorie hardiment posée dans l'*Histoire du droit civil de Rome et du droit français* [1].

Quels que soient le talent et la verve avec lesquels cette hypothèse a été développée, il nous paraît difficile de l'accueillir, si on la soumet au creuset d'une critique sévère.

La possession d'an et jour était-elle d'abord admise dans le droit gallique antérieur à la conquête romaine ?

La chose serait possible sans doute, vu ce qu'offre de naturel ce terme annuel qui mesure la révolution de la terre autour du soleil, et correspond au renouvellement périodique de la production agricole.

Mais les autorités citées par M. Laferrière sont loin d'établir suffisamment ce fait, qui est le point de départ de son système.

Les lois d'Howel le Bon renferment, il est vrai, un passage ainsi conçu :

---

[1] Histoire du droit civil de Rome et du droit français, par M. F. Laferrière t. Ier, p. 391, 567 et 568.

« Si quis alteri per annum et diem fundo suo uti frui permi-
» serit sine turba et sine noxa et præsens fuerit, lex dicit illum
» usufructuarium de terra illa respondere, deinceps non teneri.
» Lis enim mortua est utpotè intrà *annum et diem* non contes-
» tata[1]. »

Ce passage, assez ambigu, renferme-t-il la consécration d'une
prescription annale efficace sous le rapport pétitoire, ou seulement celle d'une possession annale considérée comme condition
nécessaire de l'exercice des actions possessoires, et coïncidant,
dans la pensée du législateur gallois, avec la durée de ces mêmes
actions?

S'il faut résoudre cette question, nous croyons la première interprétation plus conforme au texte que la seconde[2].

Quelle que soit la version adoptée à cet égard, pouvons-nous
accepter des lois rédigées dans le pays de Galles au Xe siècle,
comme l'expression traditionnelle du droit de la Gaule au commencement de notre ère?

M. Laferrière s'efforce de démontrer avec Phillips et M. Augus-
tin Thierry, que la haine implacable des Gallois contre les Saxons
rendait impossible tout emprunt fait par les uns à la législation
des autres[3].

Mais l hostilité des races n'exclut absolument ni l'imitation ni
l'influence des exemples, surtout chez une nation cernée, comme
les habitants du pays de Galles, par des peuples d'origine germanique.

L'impartialité de M. Laferrière lui-même ne semble-t-elle
pas devoir nous prémunir contre la hardiesse de ses inductions
lorsqu'il nous rappelle[4] que, d'après la préface des lois de Howel, les coutumes galloises préexistantes subirent des corrections,
des abrogations et des additions au moment de la rédaction de
cette législation, dont il invoque le témoignage en lui attribuant
implicitement une tradition de mille ans?

Quant à la très-ancienne coutume de Bretagne appartenant

---

[1] Histoire du droit civil de Rome et du droit français, t. II, p. 124.
[2] La même formule *non respondere* signifie, par exemple, la prescription acquisitive de propriété dans l'article 26 de la charte d'Amiens citée plus loin.
[3] T. II, p. 53.
[4] T. II, p. 52.

par sa rédaction au XIVᵉ siècle, et dont les dispositions sont pareillement citées par le savant historien à l'appui de la thèse qu'il a soutenue, nous y trouvons sans doute la saisine d'an et jour, mais seulement après que nous avons pu constater son existence dans plusieurs autres provinces de la France du Nord. Évidemment donc, ce document ne fait foi que des coutumes suivies en Bretagne à la date de sa rédaction, et ne peut être considéré comme un témoignage probant du droit établi dans les Gaules quatorze siècles auparavant.

Ainsi l'ombre des traditions galliques évoquée par l'historien échappe à nos efforts pour la saisir, et se dérobe dans une complète obscurité.

Lors même d'ailleurs que l'on adopterait les inductions tirées par M. Laferrière des monuments galliques et bretons, peut-on supposer avec lui que les coutumes gauloises aient résisté à l'invasion des armes, des lois de la civilisation et de la juridiction romaines, de manière à modifier plus tard par leur réaction, et lors de la composition du Code d'Alaric, les principes romains sur la possession?

Nous n'hésiterons pas à envisager cette question négativement avec un autre savant historien du droit [1].

Remarquons enfin, pour objection dernière, que le passage de l'*Interprétation* des sentences de Paul, cité par M. Laferrière comme constatant l'admission de la possession annale dans le système des interdits, ne présente en réalité qu'une extension à l'*uti possidetis* de la base adoptée pour l'*utrubi*, c'est-à-dire la possession *majore parte anni*, laquelle diffère notablement de celle d'an et jour adoptée dans les règles de la complainte moderne [2].

---

[1] *V.* Essai sur l'histoire du droit français au moyen âge, t. I, ch. 2, art. 3 et 4. *V.* aussi le même volume, p. 212.

[2] « Priori possessori qui majore parte anni possedit res à judice partibus præsentibus meritò reformatur. » Il est vrai qu'on lit ailleurs dans l'Interprétation : « Si quis possidens intrà anni spatium quod amisisse videtur præsentibus litigantibus judice ordinante recipiat. » (C. Théodosien, édit. de Cujas, p. 654.) Mais si ces mots *intrà anni spatium* se rapportent à la possession, il est probable qu'ils signifient toujours *majore parte anni;* s'ils ne se rattachent pas à la condition de possession, ils présentent la même idée que celle exprimée plus bas : « Si intrà ipsum annum de momento fuerit actum, » et expriment la condition d'exercice de l'interdit dans l'année du trouble.

Placer dans les lois de Howel ou dans le coutumier breton du XIVe siècle la preuve de l'origine de la possession annale dans le droit français, c'est donc, suivant nous, chercher le point de départ de la lumière dans un reflet d'une nature au moins extrêmement douteuse.

C'est à une source moins reculée, c'est aux coutumes germaniques tranformées sous l'influence féodale, que nous demanderons le principe des innovations qui ont régénéré dans le droit moderne le système des actions possessoires.

Mais avant d'interroger sous ce rapport les textes des lois barbares, il importe d'envisager avec quelque attention les rapports de l'homme avec la terre dans le système social des tribus germaniques.

Les Germains, appartenant à un degré de l'état social peu élevé au-dessus de l'état sauvage, semblent n'avoir pratiqué que sur une échelle restreinte, et d'une manière très-imparfaite, la notion de la propriété individuelle.

Sans doute chaque famille, parmi eux, avait sa demeure propre entourée de certaines dépendances. Mais l'ensemble des terrains propres à la culture était soumis à un régime alternatif d'indivision et de partage précaire opéré en vue des défrichements annuels. On s'explique cet état de choses lorsqu'on réfléchit que, d'une part, les Germains ne pouvant cultiver annuellement qu'une petite partie des vastes espaces de terre dont ils disposaient, étaient conduits naturellement par là à déplacer périodiquement le siége de leurs cultures, tandis que, d'un autre côté, la plus grande partie du sol laissée en jachères devait rester soumise au système pastoral, qui, n'exigeant pas le travail individuel de l'homme, se conciliait aisément avec l'indivision de la propriété [1], et laissait en même temps une libre carrière aux instincts guerriers des peuplades germaniques.

Tacite nous fait entrevoir tout cela en peu de mots (chap 26 , *De la Germanie*) :

« Agri pro numero cultorum ab universis per vices occupantur

---

[1] Cette corrélation du système pastoral avec l'indivision des terres est attestée par l'expérience de tous les temps. Elle se manifeste par la condition du sol même dans certaines parties de la France actuelle.

» quos mox inter se secundùm dignationem partiuntur : facilita-
» tem partiendi temporum spatia præstant. Arva per annos mu-
» tant et superest ager, nec enim cùm ubertate et amplitudine
» soli labore contendunt ut pomaria conserant et prata separent
» et hortos rigent : sola terræ seges imperatur. »

On a dit avec raison [1] que dans un pareil état de choses « la propriété n'était qu'un usufruit qui finissait à chaque moisson. »

Habituées à un régime semblable dans lequel l'indivision du sol était pour ainsi dire normale et sa division purement temporaire, les tribus germaniques vinrent s'établir sur le sol de la Gaule, peuplé d'habitants plus nombreux, et au milieu d'un système différent de culture et de possession. Il est probable que dans ces circonstances nouvelles les relations des Barbares avec le sol se modifièrent peu à peu, mais il est difficile d'admettre qu'elles aient été complétement et brusquement transformées.

Si les Francs se fussent dispersés sur le sol de la Gaule pour y vivre chacun aux dépens d'un hôte romain ou sur une portion de terre cédée par celui-ci, ils eussent nécessairement abandonné d'une manière aussi rapide que complète l'ancien système de tenure en commun que Tacite nous a dépeint; chaque Barbare eût en effet trouvé sa possession circonscrite dans des bornes préexistantes.

Malgré l'obscurité qui s'étend sur le mode d'appropriation des terres par les Francs aux dépens des possessions gallo-romaines, tout porte à croire que les choses se sont passées autrement.

Les Francs durent en effet rester autant que possible unis sur le sol qu'ils venaient dominer, mais qu'ils ne pouvaient occuper que d'une manière partielle.

Non-seulement le rapprochement naturel que produit la similitude des mœurs, des lois, des souvenirs, mais encore l'intérêt même de leur domination durent les porter à éviter une trop

Lorsque les Romains fondaient une colonie, le territoire qui lui était assigné se divisait en deux parts. On donnait aux colons les terres arables, *qua falx et arater ierit;* on laissait communs à la colonie les bois et pacages destinés à la nourriture des bestiaux. (Laboulaye, Histoire de la propriété en Occident, p. 70.)

[1] Lehuérou, Institutions mérovingiennes, t. II, p. 44.

grande dispersion et à rester autant que possible rassemblés autour de leurs chefs.

L'état du sol sur lequel ils se fixèrent leur permit probablement de répondre dans plusieurs localités à ce besoin naturel de leur situation.

Le territoire des Gaules renfermait, au témoignage de Pline[1], un certain nombre de ces grandes propriétés, de ces *Latifundia* qui s'étaient multipliés en Italie, jusqu'au point d'y porter gravement atteinte à la prospérité du pays; il s'y trouvait aussi de vastes terres *fiscales*[2], et enfin des ténements communaux ou indivis dépendant des villages[3] et que les vainqueurs purent s'approprier pour y vivre en commun.

Écoutons sur ce point M. Guizot[4] :

« On se formerait, dit-il, d'ailleurs une idée très-fausse du mode de distribution ou de partage des terres si l'on supposait qu'après le succès d'une expédition et quand elle voulait s'établir dans le pays conquis, une bande de guerriers se dissolvait en individus dont chacun allait habiter avec sa famille la terre isolée qui lui était échue. Une telle dispersion eût été fort périlleuse pour les conquérants, et de plus elle eût rompu toutes ces habitudes de vie commune, d'exercices, de jeux, de banquets continuels qu'ils avaient contractées dans leurs courses et qui sont à ce premier degré de la civilisation l'unique divertissement de l'homme grossier et oisif. Le travail seul rend l'isolement supportable, et les Francs ne travaillaient pas. Il n'y eut donc que peu ou point de partages individuels. »

Klimrath a reconnu des rapports de communauté analogues entre les guerriers barbares[5].

---

[1] *V.* Essai sur l'histoire du droit français, par Ch. Giraud, t. I, p. 278.

[2] Troplong, *Revue de législation et de jurisprudence*, t. I, p. 10. « Ces terres désertes, dit-il, appartenaient en presque totalité au fisc romain, effrayé lui-même de ces richesses stériles. »

[3] « Est et pascuorum proprietas pertinens ad fundos, sed in commune, propter quod ea compascua multis locis in Italia communia appellantur, quibusdam in provinciis pro indiviso. » (Frontinus, *De controversiis agrorum*, éd. 1614, p. 54. *V.* aussi, à ce sujet, Pardessus, De la loi salique.)

[4] Essais sur l'histoire de France, p. 109.

[5] « Dans chaque territoire plus ou moins étendu, dit-il, dans chaque marche ou finage (*marca, finis*) comprenant une ou plusieurs dizaines, ou quelquefois peut-

Partout donc où les Francs trouvèrent la possibilité de se cantonner, ils constituèrent des *villæ* habitées par un certain nombre d'entre eux. Chacun y possédait sans doute une habitation avec ses dépendances, peut-être quelques terres labourables à l'entour, ou même au loin, portant le nom de *terres saliques*[1]; mais ils jouissaient tous, dans la communauté de leurs mœurs primitives, des pâturages, des bois, et enfin de la plus grande partie du ténement de la *villa*[2].

Différents textes nous montrent la reconnaissance de cet état d'indivision fréquent dans les propriétés des barbares. Le § 28 du titre 27 de la loi salique, *De furtis*, suppose la jouissance promiscue des forêts.

La communauté des bois, des montagnes et des pâturages est encore plus clairement marquée dans le titre 1er de la 1re addition à la loi des Burgundes. « Sylvarum, y est-il dit, montium vel » pascuorum unicuique pro rata suppetit esse communionem.»

Grégoire de Tours fait peut-être allusion à la communauté existante entre les membres des *villæ* dans la phrase suivante : « Domus omnes tam Sicharii quàm aliorum qui *participes* hujus » villæ erant incendio concremavit. » (L. 1, c. 47.)

Mais le document qui démontre le mieux ce qu'étaient la plupart des *villæ*[3] frankes est le titre 48 de la loi salique *De migrantibus*.

être un canton tout entier, les comarchissants (*commarchani, confines*) avaient la propriété indivise et la jouissance commune de tout ce qui n'était pas mis en terres labourées. » (Travaux sur l'histoire du droit français, t. I, p. 447.)

[1] *V.* sur ce point Laferrière, Histoire du droit français, t. III, p. 180 et suiv., ainsi que les auteurs par lui cités, et de plus Waitz dans l'ouvrage mentionné ci-dessous, p. 117 et suiv.

[2] La part de chaque Germain dans la marche commune paraît avoir été soumise à un droit de transmission spécial préférant la communauté locale aux collatéraux éloignés : « Frater terras accipiant non vicini, » est-il dit dans le décret de 574 publié par Pertz et discuté par Waitz (*Das alte recht der salischen Franken*, Kiel, 1846, p. 130 et suiv.).

[3] On doit reconnaître que le mot *villa* a servi au moyen âge à désigner tout à la fois les domaines privés, les villages et les villes. Le titre 18 de la loi salique, *De eo qui villam alienam adsalierit*, paraît un exemple du premier sens. Un auteur anglais cité par Ducange, v° *Villa*, nous montre au contraire le mot *villa* indiquant des agrégations d'habitations avec leur banlieue, comme dans le titre 48 de la loi salique. Voici le passage assez curieux de cet écrivain : « Hundreda dividuntur per villas sub quarum appellatione continentur et burgi atque civitates. Villarum etenim metæ non muris, ædificiis aut stratis terminantur, sed agrorum ambitibus territoriis magnis hamiletis quibusdam et multis aliis sicut aquarum

Voici le sommaire de cette loi :

Celui qui veut s'établir chez un autre (*super alterum*) dans une *villa*, n'a pas le droit de s'y transporter (*migrandi*), si un seul des habitants de la *villa* s'y oppose. S'il reste dans la *villa* contre la défense d'un ou plusieurs de ses habitants, ceux-ci doivent lui signifier l'ordre d'en sortir avant le terme de dix nuits. S'il résiste à ce délai, il doit être sommé de nouveau de sortir dans un nouveau terme de dix nuits, et ainsi jusqu'à trente nuits. Alors et en cas de résistance, l'intrus sera appelé au *Mallum*, et au besoin expulsé par le gravion. Les travaux qu'il a pu faire seront perdus à cause de sa résistance à la loi, et il sera condamné à une amende de 1200 deniers.

Mais si le nouveau venu dans la *villa* y reste plus de douze mois sans qu'aucun de ses compagnons le somme d'en sortir, il doit y rester en sécurité comme les autres compagnons.

« Si quis verò admigravit et ei aliquis infrà XII menses nullus » testatus fuerit, ubi admigravit, securus sicut alii vicini con- » sistat. »

On voit clairement ici le motif et le but de la loi.

L'habitation dans la *villa* donnait lieu de jouir des terrains indivis qui en étaient la dépendance, et les anciens habitants étaient par conséquent intéressés à empêcher l'introduction de nouveaux usagers.

« Plus le nombre des ayant-droit à la jouissance de ces biens était considérable, dit M. Pardessus [1], plus on avait intérêt à ne pas en admettre de nouveaux. C'est probablement par suite de ces usages primitifs que du temps des franchises municipales un nouvel habitant n'était point admis sans l'autorisation de la commune [2]. Le second motif d'intérêt se rattache à des mesures de

boscorum et vastorum terminis quæ jàm non expedit nominibus designare quia vix in Anglia est locus aliquis qui non infrà villarum ambitus contineatur. » Ducange distingue les *villæ* en *murales* et *rurales*.

Waitz remarque la même signification double du mot latin *villa* et du mot germanique *Heim*, indiquant à la fois un établissement individuel et un établissement collectif (p. 124).

[1] De la loi salique, p. 300, note 529.

[2] Si l'on voulait compléter l'analogie indiquée par M. Pardessus, on pourrait faire remarquer que le mot même employé dans la loi salique pour désigner les habitants de la *villa*, *vicini*, désignait aussi les bourgeois d'une même ville (*V.* Ducange, v° *Vicinus*), et qu'enfin la prescription annale avait ordinairement

police très-anciennes.... par l'effet desquelles les habitants d'un arrondissement appelé *centena*, répondaient des vols à force ouverte qu'on y commettait. »

Si toutefois le nouveau venu dans la *villa* n'était l'objet d'aucun reproche pendant plus d'une année entière, sa position ne pouvait plus se confondre avec ces établissements nomades pratiqués par les anciens Germains, et il acquérait par une sorte de prescription le droit d'habitation dans la *villa* et la participation aux fruits des biens qui en dépendaient.

Telle nous paraît être la seule interprétation de ce titre de la loi salique, celle au reste qui a été adoptée de nos jours par MM. d'Eckstein, Waitz et Troplong.

La prescription annale qui se trouve ici consacrée s'applique à l'acquisition, non d'une possession légale servant de base à l'action possessoire ni d'une propriété exclusive et absolue, mais seulement d'un droit indivis et commun dans le territoire de la *villa*.

Lors donc que Pithou, commentant ce texte, a écrit [1] : « De » eo qui villam, de complainte en cas de saisine et de nouvelleté » dedans l'an ; ut fallantur qui D. Ludovicum regem aut Simo-» nem de Bucy jus istud antè nescitum intrà Franciam proquiri-» tasse tradunt » ; ce rapprochement, quoique reproduit souvent jusqu'à nos jours, est évidemment erroné en ce sens qu'il est impossible de trouver dans ce passage de la loi salique rien qui s'applique aux actions possessoires.

Nous ne croyons pas, toutefois, que le texte dont il s'agit ait été sans influence indirecte sur l'histoire de ces actions, la possession annale qu'il consacre ayant été transportée de sa sphère d'application primitive dans une autre à laquelle elle était d'abord étrangère.

Le terme de l'annalité jouait encore un certain rôle dans d'autres parties de la loi salique, et l'ensemble de ces textes tend à montrer qu'il jouissait d'une grande faveur dans les usages germaniques.

Le droit de propriété acquis par la marque d'un arbre dans la

au moyen âge la même efficacité pour garantir la réception définitive dans le corps d'une bourgeoisie, qu'elle en avait sous la loi salique pour assurer l'entrée dans une *villa*.

[1] Glossaire, p. 120, et Baluze, t. II, p. 607.

forêt semble perdu après une année, ou du moins après ce temps écoulé, l'enlèvement en est impuni. (Art. 28, t. 27.)

Il ne doit pas s'écouler plus de douze mois entre le commencement et la fin des formalités de l'*affatomie* (tit. 49 de la loi salique)[1].

Il est à remarquer, au reste, que la loi salique ne renferme sur la prescription aucune autre disposition que celle du chapitre *De migrantibus* que nous avons analysé plus haut. Probablement il faut l'attribuer à ce que la plus grande partie des biens appartenant aux Francs se trouvait comprise dans les *villæ* communes; mais aucun document ne permet de savoir positivement si la prescription annale, qui s'est manifestée plus tard, dans le moyen âge, en Allemagne, sous le nom de *Rechte Gewere*[2], et qui laisse encore des traces dans quelques législations de ce pays[3], recevait déjà d'autres applications à l'époque de la rédaction de la loi salique parmi les Francs, comme manière d'acquérir la propriété immobilière complète.

D'un autre côté, après l'établissement des Barbares dans la Gaule, les idées et les termes du droit romain, relativement à la prescription, semblent avoir été maintenus et même confirmés par diverses autorités, sauf de légères modifications.

Nous emprunterons ici à l'érudition de M. Pardessus un résumé de ses recherches. « On voit, dit-il[4], dans un placité de 680[5], qu'une propriété était réclamée contre le possesseur. Il offre la preuve, à laquelle il est admis, que pendant trente et un ans lui et ses auteurs ont possédé le domaine sans interruption. La même chose est attestée par la formule 33 de l'Appendice de Marculfe. S'il n'y a pas quelque faute dans la copie de ces documents, il en résulte que les usages francs exigeaient une possession de trente et un ans, tandis que le droit romain n'en exigeait que trente; c'est même ce qu'on voit dans la formule XL de Sirmond, dans le chap. XII de la constitution de Chlothaire Ier

---

[1] On peut consulter dans *le Catholique* (juillet 1828, p. 48) une interprétation de ce titre de la loi salique et du titre correspondant de la loi ripuaire.

[2] *Die Gewere*, von Albrecht, p. 99.

[3] *Der gemeine teutsche Privatrecht*, von Rühl, p. 82.

[4] Loi salique, p. 546 et 547.

[5] *Diplomata*, 1re édition, p. 200; 2e édition, t. II, p. 185.

de 560, et dans le chapitre IV de l'édit de Childebert de 559. Le même chapitre parle en même temps d'une prescription de dix ans, lorsque l'objet contesté était situé dans le ressort de la justice du revendiquant. »

La loi des Bourguignons (tit. 79) suivait aussi les principes du droit romain en cette matière.

Cependant on voit aussi établir, dans les additions faites à cette loi, un nouveau terme de prescription. Les droits d'aqueduc et de passage purent être acquis par deux années d'exercice [1].

Si l'on rencontre ainsi les termes de prescription du droit romain souvent adoptés dans la pratique des VIe et VIIe siècles, il faut sans doute l'attribuer soit au silence de la loi salique sur la prescription appliquée aux propriétés isolées et exclusives, soit à ce que les dispositions en question s'appliquent à l'Église ou aux justiciables gallo-romains à raison du principe alors adopté de la personnalité des lois.

Il est permis d'affirmer, au reste, que la fixation des termes de la prescription, conformément au dernier état du droit romain, n'était point en rapport avec l'esprit des peuplades germaniques.

Les courtes prescriptions, telles que la prescription annale de la loi salique ou l'usucapion reconnue dans les premiers siècles de Rome, semblent merveilleusement appropriées à l'état des sociétés peu avancées en civilisation.

La notion du droit, au degré inférieur de l'état social, est en effet imparfaitement séparée de celle du fait, et l'idée de propriété s'y confond aisément avec celle de possession. De plus, l'ignorance de l'écriture et les difficultés de la preuve testimoniale des contrats rattachent d'autant plus fortement le législateur et le juge au respect de la possession considérée comme présomption de propriété.

Il est donc naturel qu'il y ait eu dans la Gaule franke une ré-

[1] On trouve dans l'édit de Rotharis, roi des Lombards, une prescription de cinq ans ayant pour effet de dispenser le possesseur de présenter le titre de sa possession, en repoussant par le combat, et en certains cas par le simple serment, les allégations du demandeur. (*Corpus juris germanici* de Walter, t. I, p. 724 et 725.)

sistance énergique contre la consécration pratique des idées romaines relativement à la prescription, résistance à laquelle le texte de la loi salique put, jusqu'à un certain point, servir de point d'appui.

Il n'est guère permis de croire que le fait auquel se rapportait le titre *De migrantibus* de la loi salique, à savoir ce mode de jouissance en commun des biens de chaque *villa*, mode qui se rattachait pour les Francs aux traditions de la mère-patrie, ait pu se perpétuer longuement sur le sol de la Gaule.

Le système de possession tout différent pratiqué par les Gallo-Romains, dont les Francs se trouvaient entourés, les habitudes de l'existence sédentaire, le développement de la vie de famille, et sans doute aussi les progrès de l'agriculture, durent se réunir pour faire prévaloir des usages nouveaux pour les Barbares dans la tenure des terres, et propager chez eux, comme chez les anciens maîtres du sol, l'application du principe de la propriété individuelle [1].

C'est peut-être par suite de ce changement des faits et des idées qu'à la fin du VIIIe siècle, lorsque le texte de la loi salique fut promulgué de nouveau par Charlemagne avec quelques amendements [2], on substitua à la rubrique *De migrantibus*, parfaitement en rapport avec le texte ainsi qu'avec le sens originaire du titre auquel elle appartenait, une rubrique nouvelle plus conforme à l'hypothèse d'une occupation exclusive qu'au sens primitif de la loi : *De eo qui villam alterius occupaverit vel si duodecim mensibus eam tenuerit* [3].

L'espèce de confusion ou d'extension que révélait cet intitulé devait conduire naturellement à appliquer la prescription annale de la loi salique à des cas tout différents de ceux qu'elle devait

---

[1] On voit cependant l'ancien système de la communauté des eaux, des pâturages et des bois, retracé dans les lois salique, burgunde et wisigothe, rappelé ultérieurement dans certains actes des princes carlovingiens. *V.* le *Præceptum Caroli calvi pro Hispanis*, et le *Capitulare Pippini regis* cité par Lehuérou, t. II, p. 49.

[2] La *Lex salica emendata* est imprimée dans la collection de Baluze, t. I, n° 281, avec cet intitulé : *Pactus legis salicæ anno 798 Dominus Carolus suum libellum Tractati legis salicæ scribere jussit.*

[3] Waitz a signalé cette confusion. «C'est un malentendu, dit-il (*missverständniss*), qui a fait comprendre le titre de la loi salique comme s'il s'agissait d'une maison ou d'un bien particulier.» (*Das alte Recht*, p. 124.)

originairement régler, et à déduire des dispositions de cette loi une véritable prescription acquisitive des immeubles.

Que la pratique judiciaire ait tiré dans certains lieux cette conséquence, c'est ce que paraît établir indirectement un document du IXe siècle, le troisième capitulaire de 819, dans lequel on voit le pouvoir législatif rectifier l'erreur d'interprétation que la rubrique nouvelle de l'ancien titre *De migrantibus* semblait autoriser.

« De XLVII capitulo. De eo qui villam alterius occupaverit.

» De hoc capitulo judicaverunt ut nullus villam aut res alterius
» migrandi gratia per annos tenere vel possidere possit, sed in
» quacunque die invasor illarum rerum interpellatus fuerit,
» aut easdem res quærenti reddat, aut eas si potest juxta legem
» se defendendo sibi vindicet [1]. »

Ce capitulaire avait pour but, suivant toute apparence, d'abolir une application de la loi salique conforme à la déviation d'interprétation que nous avons expliquée.

Ce but fut-il atteint? Il est permis d'en douter.

Réduits que nous sommes, en traversant l'histoire obscure de cette époque, à rattacher par les conjectures les plus vraisemblables les faits isolés que nous avons pu recueillir, nous sommes mêmes portés à penser qu'il resta peu d'effet de la prohibition renfermée dans le capitulaire de 819, et que la prescription annale continua de trouver dans les instincts judiciaires de l'époque une certaine faveur.

Vers la même date que celle du monument que nous venons de citer, Louis le Débonnaire reconnaissait, dans un autre capitulaire joint à la loi lombarde, l'efficacité de l'an et jour dans une situation spéciale. Il avait été écrit dans un capitulaire de Charlemagne : « Si cujuscumque hominis proprietas ob crimen aliquod ab eo commissum in bannum fuerit missa et illa re cognita
» ad justiciam facere venire distulerit, annoque ac die in eo
» banno illam esse permiserit, ulterius eam non attingat sed ipsa
» fisco nostro societur [2]. » Louis le Débonnaire renouvela cette dis-

[1] Walter, *Corpus juris germanici*, t. II, p. 339.
[2] Ét. Pasquier, Recherches sur la France, l. 4, c. 52.

position[1], qui se retrouve aussi dans les lois de Pepin, roi d'Italie[2].

Lothaire, en 824, établit aussi la prescription annale contre le premier acquéreur qui avait laissé en possession un acquéreur postérieur[3].

Cette législation de la seconde race disparut bientôt presque en entier avec le système politique dont elle avait été le produit. L'empire carlovingien fut rompu par le morcellement des fiefs.

Alors les idées sur la prescription durent être soit complétement interrompues, soit fortement modifiées par les principes féodaux qui rendaient toute prescription impossible entre le seigneur et le vassal, et qui interdisaient l'aliénation du fief sans l'autorisation du seigneur[4].

Mais bientôt deux faits, jusqu'à un certain point parallèles, se produisirent en France.

Les communes s'affranchirent peu à peu du joug de la féoda-

---

[1] Ducange, Glossaire, v° *Annus et dies.*

[2] Ét. Pasquier, *ibid.*

[3] Baluze, t. 2, p. 335.

[4] Merlin, Répertoire, v° *Prescription*, sect. 3, § 1, pose l'imprescriptibilité absolue en principe.

Dans son le livre *De l'usage des fiefs*, Salvaing de Boissieu (ch. 13) cite des textes opposés relativement à la prescriptibilité ancienne des fiefs; et d'abord, dans les *Consuet. feudorum*, le tit. 55, *De prohibitâ feudi alienat.*, « par la- » quelle l'aliénation du fief sans la permission du seigneur est déclarée nulle et in- » valide, *nullius temporis præscriptione impediente.* A quoi se rapporte le » tit. 49, liv. 4, *De Capitulis Conradi regis factis in Roncalia*, suivant le re- » cueil fait par Cujas : *Ut liceat dominus omnes alienationes feudi factas nulla » præscriptione obstante revocare.* Ce qui a fait conclure à François Hotoman, » *Disputationes de feudis, c.* 3, *quod si alienare vassallo non licet ut neque » illi liceat pati feudum præscribi.....*

» Ceux (continue Salvaing) qui tiennent que le vassal prescrit sa liberté, se » fondent sur un texte du livre 4 *Des fiefs*, tit. 87 du recueil de Cujas : *An præ- » scriptione feudum acquiratur*, qui commence par cet axiome : *In beneficiis » ut in cæteris contractibus præscriptiones currere satis humanum et rationi » congruum videtur.* Et quoique le sujet de ce titre-là soit différent, et qu'il re- » garde seulement celui *Qui feudum alienum bona fide ab aliquo justa tradi- » tione acceperit*, si est ce qu'il est aisé de voir que cette prescription a été faite » comme une maxime et une règle de droit féodal.....

» Et pour réponse aux dispositions susalléguées, touchant la prohibition d'a- » liéner le fief, il suffit de dire que ceux qui ont écrit sur les livres *Des fiefs*, et » entre autres Cujas sur le titre 49, liv. 4, et sur la constitution de Frédéric, *De » feudis non alienandis*, lib. 5, et Godefroi sur le tit. 55, liv. 2, *De prohibita » feudi alienatione*, n'expliquent ces mots : *nullius temporis præscriptione » impediente*, que de la prescription *longi temporis*, à l'exclusion même de celle » de trente ans, laquelle suffit, *etiam citra bonam fidem.* Et avant eux, la glose » avait donné la même interprétation. »

lité, et les coutumes naquirent sous l'influence combinée des besoins sociaux de l'époque et des traditions juridiques provenant des législations diverses auxquelles avaient été soumis les peuples accumulés sur les divers points du sol de la Gaule.

Tout lien central, toute autorité législative générale, avaient disparu. Ces traditions romaines, qui avaient plus ou moins inspiré les constitutions mérovingiennes et le capitulaire de 819, n'avaient plus d'échos dans une grande partie du territoire. Les fragments du sol national étaient isolés comme par une sorte de cristallisation sociale et politique, et les provinces comme les cités elles-mêmes restaient sans autre législation que les instincts, les habitudes, les souvenirs de la majorité de leurs habitants.

Alors le droit coutumier se développa sur les ruines du passé, mais avec une originalité véritable. Quoiqu'on remarque en effet dans ses monuments des matériaux empruntés aux diverses législations qui, comme lois personnelles, avaient suivi les individus de chaque race dans leurs migrations et leurs croisements, la prédominance ou l'absence alternative de chacun de ces éléments, ainsi que leur réaction réciproque, amenèrent cependant entre eux les transactions les plus variées et imprimèrent au produit de ce mélange une physionomie complétement neuve, de même que les combinaisons opérées dans le creuset du chimiste ne révèlent souvent qu'à une science profonde la nature des éléments qui y sont confondus.

L'influence créatrice des besoins sociaux, des mœurs et des idées, cette autonomie enfin qui fait sortir la loi de la raison ou de l'instinct social, là où manque la tradition du passé, compliquèrent encore les résultats de cette fusion et amenèrent l'originalité de la législation coutumière.

Lorsque ces coutumes, lentement préparées dans l'isolement féodal, manifestèrent au XIIᵉ siècle leur existence par des chartes et autres documents écrits, la possession annale, que les textes des lois antérieures renfermaient dans des cas spéciaux et d'une rare application, se montra tout à coup débordant dans l'usage les limites que ces lois lui avaient assignées et jouant un rôle important dans les règles du droit coutumier primitif.

Son point de départ originaire nous paraît être cependant toujours dans les traditions de la loi salique.

Le jour qui doit s'ajouter à l'année pour en achever le terme, et que nous avons déjà trouvé dans le texte des capitulaires, semble représenter cet *aliquid infra XII menses*, mentionné dans le texte de la loi barbare.

Comment la possession annale est-elle sortie du cercle de la *villa* indivise, premier établissement des tribus frankes sur le sol de la Gaule ?

Ce que nous avons observé au IXe siècle nous le fait en partie comprendre.

Alors déjà l'autorité d'un capitulaire avait paru nécessaire pour repousser sur certains points l'extension de la prescription annale au delà des termes de son application primitive. Mais cette législation fut probablement aussi peu durable que peu efficace.

L'anarchie juridique et législative du moyen âge laissa un libre cours à toutes les interprétations, toutes les tendances, tous les instincts des peuples, et la prescription annale dut jeter au milieu de ce chaos de nouvelles racines dans un sol préparé pour les recevoir.

Le régime féodal vint, il est vrai, paralyser ou du moins modifier fortement les idées sur la prescription. Mais lorsque la réaction se produisit contre ce système, lorsque les chartes communales placèrent au nombre des droits nouvellement conquis celui de la prescription, comme un hommage rendu à la liberté naturelle de l'appropriation, le type de l'institution restaurée ne se trouva vivant que dans la tradition populaire de l'an et jour. Les souvenirs de la législation romaine étaient effacés en grande partie ; la prescription annale, conforme aux instincts des peuples, reprit dans l'usage le cours que la législation carlovingienne et les principes féodaux n'avaient pu que suspendre.

Si en effet la situation sociale était, aux XIIe et XIIIe siècles, plus fixe qu'au VIIIe, elle était encore à demi barbare, et l'horizon rétréci et stationnaire dans lequel l'homme vivait renfermé, devait faire accepter les courtes prescriptions, plus facilement peut-être encore que dans l'agitation qui avait suivi la conquête.

L'an et jour, qui se manifeste si fréquemment dans les monuments des XIIe et XIIIe siècles, est évidemment ce terme légal que nous avons trouvé aux VIIIe et IXe; à trois ou quatre cents ans de distance, il est plus logique en effet de supposer un lien de continuité entre des usages analogues que d'admettre leur extinction complète suivie d'une renaissance par des motifs nouveaux.

L'examen attentif de la législation coutumière des XIIe et XIIIe siècles, comparée avec les points de départ que nous avons notés dans l'époque antérieure, tend à corroborer encore cette conséquence déjà si naturelle et presque irrésistible.

Nous avons vu, en effet, que la possession annale de la loi salique avait eu pour application normale le droit de participation à la communauté des *villæ*, et que plus tard, par une interprétation qu'un capitulaire avait eu pour but spécial de rectifier, elle était devenue la base d'une sorte de prescription acquisitive relative aux immeubles.

Or ces deux applications se retrouvent, sauf de légères variations nécessitées par le changement des circonstances, dans les coutumes des XIIe et XIIIe siècles.

D'après un grand nombre de chartes du moyen âge, le droit de bourgeoisie et la liberté qui s'y rattachait étaient le prix de la résidence d'an et jour [1].

N'est-ce pas ici la tradition directe du droit des Franks, si ce n'est que la *villa* salique s'est agrandie, enceinte de murailles, et distinguée par des priviléges?

Les coutumiers du moyen âge consacrent aussi l'acquisition de certains droits par le terme d'an et jour. « Compagnie se fait, dit Beaumanoir [2], selon *nostre coutume pour seulement manoir ensemble à un pain et à un pot, un an et un jour, puisque les meubles de l'un et de l'autre sont mêlés ensemble.* »

A côté de ces dispositions nous en trouvons de nombreuses dans lesquelles la possession d'an et jour sert de base à des ac-

---

[1] *V.* notamment les coutumes de Fribourg de 1120, art. 37, et la Cora de Nieuport (1163), art. 10 (Giraud, Essai sur l'histoire du droit français au moyen âge, t. I), la coutume de Seaus en Gâtinois (1153), art. 9, et celle de Lorris (1155), art. 18, dans le XIe volume des Ordonnances des rois de France, p. 199 et suiv.

[2] Ch. 21.

quisitions d'immeubles, et où le système que prescrivait le capitulaire de 819 est complétement réhabilité.

La charte de Noyon, de l'an 1181, portait dans son article 13 :
« Si quis terram vel domum, vel quamlibet tenuituram præsente
» adversario suo nec contradicente per annum et diem tenuerit,
» postea sine contradictione possidebit [1]. »

Celle de Roye (de l'an 1183) renfermait dans son article 3 le
même principe, modifié par une exception en faveur des mineurs
comme des absents.

« Si quis teneuram aliquam in pace anno et die tenuerit, dein-
» ceps libere et quiete permaneat, nisi aliquis extra provinciam
» egressus fuerit aut aliquis nondum emancipatus super hoc cla-
» morem feecrit [2]. »

Enfin la charte de Saint-Quentin, de 1195, portait dans son
article 7 : « Si quis aliquam teneaturam anno et die in pace te-
» nuerit, postea eam in pace teneat nisi aliquis dispatriaverit aut
» aliquis qui est in manuburnia super hoc clamorem fecerit. »

Ailleurs la prescription annale était affaiblie par la condition
de l'existence d'un titre d'acquisition antérieur à la possession,
et servant à la *colorer*, pour employer une expression juridique.

C'est ainsi qu'on lisait dans l'article 10 de la charte de Chau-
mont en Vexin : « Concedimus etiam ut res quascumque juste ac
» legitime emerint aut per vadium acceperint, quas quidem post
» annum et diem in pace sine calumpnia tenuerint, nec cuiquam
» indè justitiam vetuerint, in pace et quiete semper habeant ipsi
» et heredes sui empta sicut empta vadia sicut vadia. »

La charte de Pontoise (à la date de 1188) reproduisait presque
littéralement dans son article 11 le texte qui précède, et elle ajou-
tait : « Omnia que hereditario jure consecuti fuerint et quecumque
» justo modo et rationabili acquisierint et postea tenuerint sicut
» diffinitum est semper habere concedimus, sed hoc animo equi-
» tatis decernimus ut si quis extra patriam fuerit, eidem postea
» revertenti et clamorem facienti plenarie justitiam exequantur. »

L'an et jour nous apparaît encore sur plusieurs autres points

---

[1] *Ordonnances*, t. XI, p. 224.
[2] *Ibid.*, p. 228.

de la France coutumière, avec la même efficacité relativement à
l'acquisition des immeubles.

Au nord des cités dont nous avons rappelé les statuts munici-
paux, et à une époque plus récente que la promulgation de ces
chartes, les anciens Usages d'Artois, rédigés vers la fin du XIIIᵉ
siècle, nous montrent le contraste frappant de l'ancienne coutume et du droit écrit.

« Il convient à quiconques a got de heritage par longhe tenure qu'il l'ait tenu par la coustume d'aucun lieu en Artois an
et jour tant seulement et par droit escrit 10 ans entre les présens
et 20 ans entre les absens[1]. »

Dans la coutume de Saint-Dizier, monument de la première
moitié du XIVᵉ siècle, publiée par M. Beugnot à la suite du t. 2
des *Olim*, l'article 285 porte : « Tenure vaut d'un an et un jour
en tel manière que se cil qui tient est mis en possession par bailli
et par eschevins il ne serat pas desvestus s'il l'a tenu un an. »
Rapproché surtout de l'article 25, qui exige trente ans et trente
jours pour l'acquisition de la *possession*, *sans lettres*, ce texte
paraît désigner une véritable prescription.

Dans une des provinces centrales de la France, on retrouve la
prescription annale reconnue par la charte de Bourbon-l'Archam-
bault, octroyée à la ville de Moulins, et confirmée en 1257 par
Agnès de Bourbon. Laurière a extrait de ce document, d'après
un manuscrit possédé par Berroyer, le passage suivant[2] :

« Si aucun acquiert heritaiges dedans la franchise et il l'ou
tient en pays un an et un jour, li heritaige li remendra en pays
sans la coutume du seigneur, si le plaintif n'étoit forpaisé ou en
bail. »

On découvre aussi de nombreux vestiges de l'ancienne puissance de la possession annale dans l'ouest de la France.

Le savant Laurière a démontré que le ténement de cinq ans des
coutumes de Maine, Touraine et Anjou, n'était que l'ancienne

---

[1] Tit. 26, § 5. *V.* le manuscrit de ces Usages à la Bibliothèque nationale, et
le texte que Maillard en a publié dans sa 2ᵉ édition des coutumes d'Artois,
Paris, 1739.

[2] Dissertation sur le ténement de cinq ans, ch. 3.

prescription annale successivement prorogée d'un à trois [1] et de trois à cinq ans.

« Il n'y a peut-être point eu, dit-il, de province où l'on se soit tant réglé par la saisine que dans celles de Touraine et du Loudunois, et surtout dans celles d'Anjou et du Maine; car ce qu'on appelle ténement n'étoit autre chose, dans son origine, que la possession d'an et jour ou la saisine, ainsi qu'il se voit dans l'article suivant de l'ancienne coutume d'Anjou selon les rubriques du Code :

« Si aucun acquiert ou achate d'autre anciens heritaiges ou
» ayt eu les dits heritaiges en assiette de certaines rentes ou hypo-
» thèques qu'il avoit acquises dessus, et les tienne et possède par
» an et jour paisiblement sans adjournement à interruption ou
» autre inquiétation, tel acquest est exempt de toutes rentes,
» charges ou hypothèques constituées sur le dit heritaige par le
» vendeur depuis 30 ans. »

A quoi l'article suivant d'une autre ancienne coutume d'Anjou est encore conforme :

« Par ténement d'an et jour à bon titre d'heritage hypothéqué
» à rente ou charge universale créé depuis trente ans sans inter-
» ruption ou adjournement exprès, sur interruption on se peut
» defendre et est l'acquest exempt de la rente ou charge, et par
» dix ans entre les présens et par vingt ans entre les absens soient
» créés par avant trente ans ou depuis, sinon que les possesseurs

---

[1] D'après le procès-verbal des coutumes du Maine, on constate que la rédaction originaire de l'article 482 de cette coutume avait reposé d'abord sur le terme
triennal au lieu du *quinquennal*, adopté plus tard.

Cette extension graduée du délai primitif d'an et jour ayant la triennalité pour
premier échelon, se révèle dans d'autres documents du droit coutumier.

Nous la trouvons dans la coutume de Châtel-Blanc, près Avignon, de 1303,
publiée par M. Giraud : « In primis volumus et constituimus quod homo qui in
burgo de Chatel-Blanc mansionem elegerit, sine calumnia vel reclamatione alterius domini et per tres annos ibidem manserit pacifice quiete, si quis post discor-
sum prædicti temporis veniens reclamaverit esse suum, non tenetur talis de suo
corpore aut de rebus suis mobilibus ulterius alicui respondere. » (Essai sur l'histoire du droit français au moyen âge, t. II.)

C'est le même mouvement d'idées qui a dicté l'article suivant de la coutume de
Hainaut (ch. 27, art. 1) cité par Laurière : « Là où on pouvoit par cy devant en
heritages et rente de main ferme acquerir possession valable par en jouir an et
jour paisiblement contre personne puissante de fourfaire les dits heritages ou
rentes, au présent nul ne s'en pourra venter en telle possession s'ainsi n'est que
en lieu d'ung an, il ayt joui et possédé le terme de trois ans entiers. »

» soient heritiers presomptifs des obligés, ou que les heritaiges
» leur ayent esté baillés à la rente ou les devoirs feodaux, esquels
» cas il fault trente ans[1]. »

Si dans ces divers textes la possession annale, que Laurière
confond à tort avec la *saisine*, n'apparaît point comme base d'une
prescription acquisitive des immeubles produisant un effet général et absolu, si elle n'a qu'une portée spéciale contre les charges
réelles qui grèvent les immeubles et au profit de l'acquéreur qui
a un titre, l'importance de cette prescription spéciale se rattache
cependant d'une manière intime, et par une analogie frappante,
aux dispositions coutumières que nous avons antérieurement rap-
pelées.

Brodeau (sur l'article 129 de la coutume de Paris) cite encore
un document qui atteste l'antique efficacité de la possession annale dans l'ouest de la France; c'est une charte du roi Jean d'Angleterre, du 26 avril 1204, *transcrite*, dit-il, *dans le Discours
de la naissance, ancien estat, progrès et accroissement de la
ville de la Rochelle, imprimé en l'an 1269, page 30, contenant
la confirmation accordée aux habitants de la Rochelle de toutes
les acquisitions par eux faites d'habitants situés en la province
de Poitou, qu'ils auraient tenus et possédés* per unum annum et
unum diem[2].

Il est difficile de penser que ces dispositions coutumières, ex-

---

[1] A ces textes cités par Laurière nous pouvons joindre celui-ci d'un autre coutumier d'Anjou (manuscrit appartenant à M. Ch. Giraud):

«Celui qui a rente ou autre debte créé depuis trente ans sur les biens d'autrui,
et voit que son obligé ait vendu partie de son heritage obligé hypothéqué à la
rente, doit faire adjourner tel acquereur dedans l'an de la possession prinse de
l'eritaige par lui acquis en demande d'interruption, affin qu'il ne se puisse def-
fendre par ténement que tel heritaige ne soit obligé vers luy en la rente par luy
acquise, et s'il laisse passer l'an il ne vient plus à tems. Et s'il vient dedans l'an,
il sera receu et lui sera cogneu son hypothèque.

» Et après pourroit poursuir la rente et arrerages sur l'eritaige qu'il auroit in-
terrupté jusques à trente ans, pourvu que l'eritaige soit demouré es mains de
l'acquereur ou de ses hoirs. Car s'il estoit allé en mains estranges par alienacion,
fust de contract, de don, permutacion ou vendition, ou qu'il n'eust fait inter-
rupter dedans l'an le second acquereur, il n'y seroit point receu. »

[2] Sur les conséquences de l'an et jour en Bretagne, on peut consulter la coutume de cette province, art. 267 et 269, titre Des Appropriances.

Aux termes du dernier de ces articles, *celui qui est approprié d'héritage par
bannies est défendu contre ceux du duché et contre ceux qui sont hors du
duché par tenue d'an et jour, hormis les cas de fraude.*

primées avec autant de conformité entre elles, fussent des acci-
dents purement locaux. Il faut plutôt y voir les manifestations
d'une tendance générale, d'une sorte de droit commun étouffé
peut-être sur plusieurs points par l'influence contraire du droit
romain ou par celle du droit féodal, qui tendait à repousser toute
prescription, mais éclatant à nos yeux malgré la pénurie des
documents et l'obscurité de l'histoire partout où nous trouvons
les usages germaniques conciliés avec le libre développement du
droit populaire.

Aussi n'est-ce point là un fait exclusivement propre aux coutumes françaises, mais plutôt une ramification de l'arbre puis-
sant des traditions germaniques.

Laurière, dont nous avons déjà tant de fois cité la dissertation
sur le ténement de cinq ans, mentionne un passage de Matthæus,
De nobilitate, l. 2, t. 17, p. 339, qui montre l'application de la
prescription annale en matière immobilière dans le droit hollan·
dais : « Venditis olim prædiis, nisi creditor de hypotheca fidem
» faceret intra annum et diem, jus in re amittebat..... Imo et
» amittebat dominium vel quasi intra annum et diem unde et
» emptionem signo dato per campanam quotannis ter publica-
» bant ut actionem non instituenti intra tempus jam dictum si-
» lentium etiam deinceps imponeretur. »

Nous lisons dans l'article 34 des anciens statuts de Soest en
Westphalie, à la date de 1110, publiés par M. Giraud : « Quicun-
» que de manu Schultheti vel ab eo qui auctoritatem habet do-
» mum vel arcam vel agros vel mansum vel mansi partem acce-
» perit et per annum et diem legitimam quiete possederit. Si quis
» in eum agere voluerit, possessor tactis reliquiis sola manu obti-
» nebit et sic de cætero sui warandus erit nec amplius supra
» prædictis gravari poterit. »

Dans les coutumiers allemands du moyen âge, la prescription
annale étend ses ramifications sur plusieurs parties de la législation sous le nom de *Rechte Gewere* [1].

Nous l'avons trouvée plus haut dans les lois du pays de Galles [2].
Houard, dans ses Observation sur Littleton (section 424), cite

---

[1] *Die Gewere*, von Albrecht, p. 102 et suiv.
[2] V. *supra*.

encore un texte des *Leges Burgorum*, extrait de la collection de
Skénée pour les lois d'Écosse, et ainsi conçu : « Quicunque te-
» nuerit terras suas in pace per unum annum et unum diem et
» sine calumnia quasi fideliter emit, et si quis eum calumniaverit
» post annum et diem, et nunquam audietur. »

Enfin les migrations les plus lointaines des peuples de race
germanique semblent entraîner la prescription annale à leur suite.

Introduite en Sicile avec les conquérants normands, elle y fut
abolie plus tard par l'empereur Frédéric [1].

Ne nous étonnons pas de la rencontrer aussi dans une législation étrangère à l'Europe par son domaine, mais européenne et
surtout française [2] par son origine.

La fin du XI⁰ siècle et le commencement du XII⁰ virent les
chrétiens d'Europe envahir la Terre sainte et y transplanter les
institutions féodales. Le texte authentique des lois rédigées à Jérusalem par les croisés a péri, mais leurs principaux préceptes
ont été reproduits dans le XIII⁰ siècle par Jean d'Ibelin. Le livre
de cet écrivain renferme ainsi, sous une forme plus ou moins
pure, l'empreinte du droit coutumier du XI⁰ siècle, débarrassé
de la réaction des traditions romaines enracinées dans le sol de
l'Europe.

Or la possession annale se montre dans le droit de Jérusalem
avec la plus haute puissance pour les *héritages* non féodaux : « Et
se il avient que la carelle seit de heritage dedenz ville close ou
desclose, le fuiant peut respondre en tel maniere : que il a celui
heritage eu et tenu quitement et en pays an et jor, et plus et por
tant en viaut demorer quittes, et en pais par l'assise de la teneur
si la cour l'esgarde : et mete son retenail [3]..... »

Jean d'Ibelin ajoute à la fin du même chapitre : « Et bien est
donc chose clere que se l'an et le jor passe que l'eritage ne seit
chalongié que l'assise de la teneure le delivre tot outre, se celui
qui a tenu l'eritage n'est parent de celui qui le requiert. Mais le

---

[1] *Constit. regni siculi*, lib. 3, t. 32, dans le Recueil de CancIani.

[2] Au chap. 293 des Assises de Jérusalem, le comte de Braines s'écrie dans un
plaidoyer : « C'est fort chose à croire qu'il y ait usage en ce royaume qui soit contraire à l'usage de France, d'autant que ceux qui le établirent au conquest de la
terre furent François. »

[3] Livre de Jean d'Ibelin, ch. 38, p. 63, édition de Beugnot.

parenté brise l'assise partot, mais que en deus leus tant seulement..... »

Ainsi parle l'Assise de la haute cour ; à l'exception fondée sur la parenté, et dont la législation du moyen âge offre quelques autres exemples [1], l'Assise ajoute la suspension généralement fondée sur la minorité :

« Et se il est chose que celui ou cele qui requiert heritage a esté merme d'aage en tant come l'autre l'a tenu et il dedenz an et jor après ce que il fu en son droit aage est venuz à requeste, bien peut requerre l'eritage, et de tant de tens come il fu merme d'aage la teneure de son adversaire ne li griege [2]. »

L'Assise des bourgeois nous présente des dispositions analogues : « Se home achete un heritage d'un autre home ou d'une feme, et il avient qu'il le puisse tenir un an et un jor sans chalonge, le droit et la raison comande que il ne le peut puis perdre par nul home ni par nule femme qui d'aage soit. Mais c'il y a aucun home ou aucune feme qui n'en soit d'aage, le droit comande que celui ou cele qui n'en est d'aage ne peut perdre son dreit ne por an ne por jor que il a demouré de demander son dreit [3]. »

En cas de décès, le seigneur s'emparait de la succession tombée en déshérence. « Et le doit tout garder en jusques a un an et un jor. Et ce dedans celuy an et celuy jor veneit aucun home ne aucune feme qui poïst montrer par deus leaux garens qu'il fut parent ne parente de celuy mort ou de cele morte que enci est morte, la raison comande que la cort est tenue de rendre toutes les choses de celuy mort à celuy sien parent ou parente qui est venu ce requerre avant que l'an et le jor fust passés, dès la mort de celuy sien parent. Mais se l'an et le jor estoit pacés despuis que celuy fut mort, la raison recommande et juge que puisque l'an et le jor est passé despuis la mort de celui ou de cele qui morte est, si com est dit desus, que la cort n'est puis tenue de riens rendre à nul parent, ni à nule parente qui mais y venist rien demander [4]. »

---

[1] *V.* les lois galliques et bretonnes citées par Laferrière, t. II, p. 127, et les anciens usages d'Artois, ch. 21 et 27.

[2] Livre de Jean d'Ibelin, ch. 39, p. 64.

[3] Ch. 1, p. 36, édition Beugnot.

[4] Assises de la cour des bourgeois, ch. 196, p. 131, édit. Beugnot.

Le chapitre 105 de la même Assise des bourgeois présente un cas non moins sévère de prescription annale : « Se le sire dou cens estoit un an et un jor que il ne preigne son cens de celui qui tient la maison, la raison comande qu'il a perdue la chose dou il pernet celui cens [1]. »

Ces dispositions diverses concernant la possession annale étaient-elles une exportation européenne ou une création du droit oriental ?

Plusieurs autorités tendent à la faire considérer sous le second de ces points de vue.

Guillaume de Tyr y aperçoit une pénalité contre ces chrétiens d'Orient qui abandonnaient trop aisément la colonie aux dangers dont elle était entourée. « Hi causam edicto dederunt ut annua » præscriptio locum haberet et eorum foveret partes qui in tri- » bulatione perseverantes per annum et diem tranquille et sine » quæstione aliquid possederant [2]. »

Jean d'Ibelin suit la même tradition.

Toutefois, nous serions portés à n'accueillir cette manière de voir que dans une mesure très-restreinte.

Nous concevons en effet très-bien qu'au milieu des coutumes variées dont les représentants purent se trouver réunis lors de la préparation des lois de Jérusalem, la prescription annale ait pu être confirmée, étendue et généralisée à raison des circonstances et des besoins de l'état nouveau que les chrétiens allaient fonder. Mais il nous est impossible de supposer que les croisés n'aient point emprunté cette institution aux sources françaises et alle- mandes dans lesquelles nous la trouvons consacrée par des mo- numents à la fois antérieurs et postérieurs à cette législation d'outre-mer.

Au reste, la controverse à laquelle se livraient les juriscon- sultes d'Orient sur la question de savoir si cette prescription était suspendue par suite de l'absence de celui contre lequel elle était invoquée, tendrait à démontrer que le motif de la loi, tel que Guillaume de Tyr l'explique, n'était pas universellement re-

---

[1] *Ibid.*, p. 76.
[2] Lib. 9, c. 19.

connu ; sinon il eût rendu impossible la controverse même dont nous parlons, et que Jean d'Ibelin rapporte en ces termes :

« Aussi dit l'on que se il avient que aucun home se il est fors païs, et il revient et requiert aucun heritage que aucun autre ait tenu an et jor, aucunes gens veulent dire que l'assise de la tencure ne li griege, por ce que il estoit fort païsé, et que l'autre n'a tenu l'eritage lui veant et oïant. Et pluisors gens dient que la teneure vaut bien en celui point, et que por ce fu establie si longue espace come de an et de jor, et que en tant de tens peut l'on bien venir d'otre mer qui vodra. Et je ai oï dire que ceste assise fu faite especiaument por ciaus qui avoient les heritages ou reiaume de Jerusalem ; que, quant la terre estoit en mauvais point, ils aloient outre mer, et l'on n'aveit qui defendist la terre ; et quand ils savoient bones novelles, ils revenoient : et por ce fu establi l'an et le jor. Et l'on dit que aucune feis le faisoit on des fiés meismes [1], et après demora des fiés et torna as heritages l'assise : et se celui qui estoit forpaïsé en viaut requerre esgart, aveir le peut [2]. »

La prescription annale, qui a manifesté son existence à nos recherches dans tant de contrées diverses, des montagnes de l'Écosse aux bords du Jourdain, n'a point eu un empire aussi durable qu'étendu.

Si nous quittons l'Orient pour suivre en Europe et en France surtout la marche du droit sous le rapport particulier qui fait l'objet de notre étude, nous voyons la prescription annale, dont nous avons trouvé les traces locales dans les chartes et coutumes des XIIᵉ et XIIIᵉ siècles, combattue de plus en plus dans les siècles suivants par l'opposition des doctrines romaines réclamant pour la garantie de la propriété un terme de prescription plus allongé. Le progrès des temps fit même triompher bientôt l'empire de ces dernières traditions, mieux appropriées au perfectionnement croissant de l'état social.

Écoutons à cet égard Klimrath [3] : « Dans les premiers siècles

---

[1] Mention remarquable si elle est exacte ; car elle indiquerait une dérogation à l'imprescriptibilité féodale au nom de l'intérêt politique des établissements d'outre-mer.

[2] Ch. 40, p. 65, édition Beugnot.

[3] Travaux sur l'histoire du droit français, t. II, p. 358.

du moyen âge, dit-il, les relations étaient peu étendues, presque toutes les transactions purement locales, et les rapports de voisinage encore très-puissants. La possession de chacun était alors un fait notoire, et la transmission de la *saisine de droit* [1] entourée de garanties solennelles de publicité. On pouvait donc présumer justement, lorsqu'un homme avait été en possession paisible, sans trouble et sans calenge pendant un an et un jour, au su et vu de celui qui avait pouvoir et intérêt d'y contredire, que celui-ci reconnaissait par son silence avoir abandonné ou perdu son droit. Lorsque ces relations s'étendirent, en même temps que l'intervention des pairs et voisins dans les jugements et les actes d'investiture devenait moins régulière, la brièveté du délai dut être cause plus d'une fois de forclusions injustes. D'un autre côté, les croisades et autres guerres ou expéditions lointaines multiplièrent et prolongèrent les absences pendant lesquelles le délai d'an et jour ne pouvait courir, en sorte que cette cause passagère de suspension devint en quelque sorte permanente et empêcha tout règlement définitif des droits. Ces deux causes contraires firent accueillir avec faveur les dispositions du droit romain, dont l'étude venait de renaître, relativement à la prescription, principe totalement étranger au droit germanique primitif. »

Alors on vit dans certaines provinces le terme de l'annalité s'allonger et se rapprocher peu à peu des termes de la prescription suivant le droit romain. C'est ce que nous avons remarqué déjà dans les coutumes qui admirent successivement le ténement de trois et de cinq ans. On trouve d'autres degrés de cette progression remarquable dans la prescription de six ans adoptée par la coutume de Mons en Hainaut [2], dans celle de sept ans admise par la charte d'Amiens de 1190 [3]. Peu à peu cependant les prescriptions décennale et tricennale du droit romain furent adoptées sur plusieurs points, et prévalurent dans les coutumes

---

[1] Nous faisons toutes nos réserves relativement au vocabulaire de Klimrath en cette matière, à l'égard duquel nous nous expliquerons plus loin.

[2] *V.* Jurisprudence du Hainaut français (tit. 7, art. 1, du texte des coutumes).

[3] « Si quis septem annis aliquam suam possessionem præsente adversario in pace tenuerit, nunquàm de eâ ampliùs respondebit. » (Ord. de **Laurière**, t. XI, p. 264, art. 26 de la charte.)

rédigées au XVIe siècle, sans doute parce qu'elles s'étaient déjà établies dans la jurisprudence pratique.

On doit en effet mettre au premier rang parmi les causes qui amenèrent la transformation des vieux usages, l'autorité des parlements et cours de justice. Si la législation positive des temps modernes domine et régit les errements judiciaires, la législation purement coutumière et traditionnelle des jeunes sociétés subit au contraire directement l'action d'une jurisprudence qui se confond avec elle et dont les monuments deviennent eux-mêmes des précédents constitutifs de la coutume, des éléments composants de la législation.

C'est ce qui avait lieu au XIIIe siècle par exemple, lorsque les coutumes locales étaient invoquées devant la justice parlementaire par suite des appels formés contre les sentences des juges inférieurs. « Alors, dit M. Beugnot, la cour pouvait accueillir ou rejeter la coutume en connaissance de cause et conformément aux principes de droit qu'elle s'attachait à faire prédominer [1]. »

Ceci nous explique suffisamment comment les coutumes rédigées au XVIe siècle ne présentèrent aucune trace de cette prescription annale qui avait, dans les XIIe et XIIIe siècles, de puissantes racines dans notre sol, mais que les légistes imbus des idées romaines durent généralement repousser.

Il y eut même des pays où l'abrogation de la prescription annale ne fut pas seulement due à l'action lente de la jurisprudence et de la coutume, mais résulta d'une loi expresse.

C'est ainsi que la prescription annale fut déracinée du royaume de Sicile, où elle avait été importée, par une constitution de l'empereur Frédéric dont Canciani a donné le texte [2] : « Duram et » diram consuetudinem et iniquam quæ circa præscriptiones in » aliquibus regni nostri partibus obtinet, in posterum silere præ-» cipimus et præsentem legem circà ipsas inducimus, omnibus » aliis ipsi contrariis inter regni nostri fideles omninò sublatis. » Sancimus igitur præscriptionem *anni mensis diei et horæ* [3] per » quam aliquis de dominio rei suæ cadebat et Francus de dissa-

---

[1] Notice sur Philippe de Beaumanoir, p. 8.
[2] *Constit. regni seculi*, lib. 3, t. 37.
[3] Particularité spéciale de la prescription sicilienne.

» sina quæri non poterat, penitùs amoveri. Sed generales præ-
» scriptiones communis juris locum habere, scilicet inter præ-
» sentes decennii, inter absentes vicennii, præcedente scilicet
» titulo et bona fide ex utraque parte undiquè concurrente. »

Lorsque la possession annale cessa de produire une exception péremptoire contre la revendication, et nous sommes portés
à penser que le XIIIe siècle fut l'époque de ce déclin de son influence, elle ne disparut pas cependant pour cela de la sphère
du droit.

Le terme de l'annalité avait acquis une consécration si puissante, que la pratique judiciaire et les coutumes qui en naquirent
l'appliquèrent à une foule de cas auxquels les délais de la prescription du droit romain ne pouvaient évidemment s'adapter. La
possession annale devint ainsi la base d'une sorte de prescription
inférieure appliquée à l'encontre des actions les moins favorables
et ayant pour résultat de consolider soit la propriété, soit la possession.

En matière de propriété, la possession annale conserva des
effets nombreux et importants. Suivant le vieux coustumier de
Normandie[1], elle consacrait l'acquisition des choses perdues :
« Choses gaives qui ne sont appropriées à aucun usage d'hommes
et qui sont trouvées, si elles ne sont réclamées dedans l'an et
jour, appartiennent à celui qui les a trouvées. »

Le privilége de gagerie pour cens et rentes se perdait par an
et jour, ainsi qu'il est expliqué en l'art. 44 des *Coutumes notoires*, ainsi conçu : « Qui se dit estre en saisine de prendre au-
» cune rente ou cens sur aucun héritage, et il délaisse à con-
» tinuer sa saisine par an et jour, la maison étant continuellement
» ouverte et garnie, sans soi faire payer et faire aucun exploit par
» icelui temps sur ladite maison, ne autrement, il deschiet de
» ladite saisine et discontinue icelle, etc. »

Elle purgeait généralement, au profit de l'acheteur, le droit
de retrait lignager[2]. On voit dans l'art. 25 de la charte d'Amiens

---

[1] Ch. 19, cité par Ét. Pasquier, Recherches de la France, l. 4, ch. 32.

[2] *V*. Établissements de saint Louis et presque tous les coutumiers, ainsi que
les coutumes officielles. Dans les Assises de la cour des bourgeois, ch. 30, p. 25,
le retrait lignager doit être exercé dans le délai beaucoup plus court de sept jours.

de 1190 cette application restreinte de la prescription , rapprochée d'une manière curieuse du délai septennal exigé dans l'art. 26 de la même charte [1].

Divers coutumiers reconnaissent que lorsque la possession a été adjugée à l'une des parties par jugement, et que l'autre partie a laissé passer l'an et jour sans réassigner sur la propriété, elle a perdu tout droit à la chose [2].

Le partage fait par justice ou par amis entre cohéritiers est inattaquable après l'an et jour [3].

Beaumanoir rapporte un jugement qui avait décidé, à la vérité dans des circonstances particulières , qu'un acheteur ayant été en saisine pendant l'an et jour, au vu et au su de son vendeur, celui-ci était non recevable à lui demander le prix de la vente [4].

L'échange d'héritage n'est parfaitement affermi que lorsqu'il a été tenu pendant an et jour. Si l'un des deux contractants revend, avant l'année révolue, l'immeuble qu'il a reçu en échange, l'autre peut, en cas d'éviction, le revendiquer entre les mains du tiers acquéreur. Après l'an et jour il serait non recevable [5].

Nous pourrions signaler encore des applications très-multipliées de l'an et jour considéré comme base de toute espèce de déchéances et comme terme légal extrêmement usité.

Ainsi, d'après la coutume de Salon de 1293 [6], le créancier gagiste pouvait, après la possession d'an et jour, vendre à l'encan les gages mobiliers dont il était nanti.

Beaumanoir (chap. 30) établit qu'il y a déchéance du douaire par le retard d'acquitter les charges qui grèvent les immeubles dans l'an et jour de la sommation.

Dans le 180ᵉ chapitre du livre de Jean d'Ibelin, on lit : « Et qui comande son fié par l'assise ou l'usage de cest reiausme il ne le peut recouvrer sanz la volonté de celui à qui il l'a comandé tant que l'an et le jor passe ; et maintenant qu'il est passé, totes les

---

[1] V. *suprà.*

[2] Conseil de Pierre de Fontaines, ch. 21 et 22. — Coutumes de Beauvoisis, ch. 32, § 6.

[3] Beaumanoir, ch. 8, § 10. — Coutume de Bretagne, art. 267.

[4] Beaumanoir, ch. 8, § 10.

Beaumanoir, ch. 34 , § 12.

Essai sur l'histoire du droit français au moyen âge, t. II, p. 259.

feis que il requiert son fié, celui qui l'a receu en comande le doit rendre sanz eschampe et sanz delai. »

Cette énumération est suffisante pour montrer comment après être sortie de la loi salique, par une application extensive, la prescription annale, introduite dans le droit coutumier français pour l'acquisition des droits réels, n'y a plus enfin conservé que des applications secondaires quoique nombreuses encore.

C'est dans cette voie de décadence et de transformation combinées, qui constitue pour ainsi dire la seconde phase de son histoire, que la prescription annale s'est aussi introduite comme un élément principal dans le système du possessoire. A mesure que l'an et jour perdait son influence, sous le rapport de l'acquisition du droit de propriété et dans les débats pétitoires, il devenait un élément majeur dans l'organisation des actions destinées à protéger la possession dans le droit français. Mais, pour bien expliquer cette transition, qui est un fait capital dans notre sujet, nous devons en quelque sorte revenir sur nos pas, définir *la saisine* qui sert de type à la possession juridique moderne, montrer comment cette institution attira à elle le principe de la possession annale rejeté de la sphère pétitoire, et retraçant ensuite les vicissitudes du droit qui a régi la défense de la possession en France du Ve au XIIIe siècle, rejoindre ainsi le point où l'histoire de la possession annale et celle des actions possessoires viennent se rapprocher, s'unir, et en grande partie se fondre l'une dans l'autre.

CHAPITRE V.

De la saisine.

Au premier coup d'œil jeté sur les monuments juridiques du moyen âge relatifs à la défense possessoire, on est frappé d'une expression nouvelle qui semble représenter le principe fondamental et caractéristique de cette branche du droit.

La *possession* est remplacée par la *saisine; l'expulsion* a reçu, par suite, le nom de *dessaisine.*

Il importe d'approfondir préalablement le sens de cette expression, devenue en quelque sorte le centre du système d'idées dont nous nous proposons de suivre l'histoire.

L'examen de l'origine et des modifications de l'idée de *saisine*, sans se confondre avec l'histoire des actions possessoires, en est cependant la base. Il faut éclairer cet élément capital du système des actions possessoires, pour marcher d'un pas égal et ferme dans l'étude des transformations historiques qu'elles ont subies.

La saisine a souvent pour condition d'existence la possession annale, dont nous venons d'étudier les transformations et les ramifications nombreuses. Ce serait cependant une erreur grave que de les confondre réciproquement.

La possession annale, comme nous avons pu le remarquer, a en effet dans son origine une portée et des conséquences qui dépassent l'étendue de la sphère possessoire, et, en sens inverse, la saisine n'a pas eu toujours la possession annale comme condition rigoureuse d'existence.

L'histoire de la saisine, sans se confondre donc avec celle des actions possessoires ni avec celle de la possession annale, touche cependant à l'une et à l'autre. On pourrait dire que c'est par la saisine que l'action possessoire et la saisine d'an et jour se touchent, s'entrelacent, et à une date donnée semblent unir leurs destinées.

Demandons d'abord à la philologie d'où vient le mot de *saisine*, étranger par sa physionomie à cette tradition romaine qui a versé si abondamment dans notre droit son vocabulaire simultanément avec ses idées.

Si nous en croyons Brodeau [1], « le mot *saisir* est primitif et originaire, non dérivé d'aucun autre et pur français. »

Si ce mot est un de ceux que la langue française s'est le plus énergiquement appropriés, si elle lui a donné une importance et des significations caractéristiques et spéciales, il est difficile cependant d'affirmer avec Brodeau que, par une destinée singulièrement rare dans les langues modernes, il ne dérive d'aucun autre.

Le mot *saisir* nous paraît provenir de *sacire*, souvent employé dans les formules de Marculfe, et duquel sont probablement aussi dérivés les mots *sacer, sacher, sacier*, qui, ainsi que *sacquer* et *sacquier*, signifient dans la langue romane *tirer, appréhender* [2].

Sacire lui-même a probablement la même racine que *saccare* (*in saccum mittere*) et a dû exprimer dans l'origine le mode de préhension le plus complet pour les choses mobilières. Il est facile de comprendre comment il a été indirectement et figurément appliqué ensuite aux immeubles. « Prehendere Galli saisire » dicunt sicut et possessionem saisinam vocant, » disait un commentateur italien du XIIIe siècle [3].

Saisine est en effet synonyme de *possession;* et si cette expression spéciale remplace presque toujours au moyen âge celle qu'avait léguée le vocabulaire du droit romain, c'est probablement parce que l'idée de possession s'était compliquée, comme nous allons le voir, de certaines conditions nécessaires pour opérer la tradition et donner un caractère parfait et légal à la détention des choses.

---

[1] Coutume de Paris, t. I, p. 630. — Brodeau cite un passage des *Constitutiones regni siculi*, où le mot saisir *latinisé* a été employé. On le trouve aussi dans le Droit canonique, cap. *Clericis laïcos*, sexti decret., l. 3, t. XXIII.

[2] Glossaire de Roquefort, t. II, p. 503 et 504.

[3] Cynus, cité par Belime, Traité du droit de possession, p. 215.

Dans l'enfance des sociétés, lorsque l'écriture est peu répandue, les mutations de propriété sont souvent entourées de formalités symboliques destinées à frapper d'une manière particulière l'attention des témoins devant lesquels elles s'accomplissent.

Telle était la mancipation dans les premiers siècles de Rome; et, ce qui est remarquable, des formalités presque semblables à celles de la mancipation se retrouvent dans les lois barbares et dans la pratique des premiers siècles du moyen âge.

Ainsi la loi salique, sous le titre *De adhramire* ou *De affatomie*, nous montre déjà pratiquée la tradition symbolique que nous voyons accomplie ensuite, dans les divers documents du moyen âge, par la livraison solennelle de quelque produit ou emblème du sol, *per pilum, per cespitem, per ramum, per festucam, per virgam, per baculum, per fustem, per surculum*, et autres modes analogues.

Quelquefois le fétu ou poil symbolique était jeté dans le sein du nouvel appelé à la possession du sol. Cette pratique (*laisuverpitio*) conduisit peut-être à considérer ce dernier comme vêtu de ce dont l'autre contractant était dépouillé. « Fiebat autem dis-» vestitio (dit le savant Ducange), projecto pilo vestimenti quasi » qui se disvestiebat de re aliqua vestes reverà deponeret [1]. »

« Vestita est illius manus cui tradidi, » dit la loi des Bavarois [2].

« De momento sit revestitus, » était-il dit déjà dans la *Lex romana utinensis* [3], en parlant de celui à qui compète un droit possessoire, *causa momentanea* [4].

---

[1] *Glossarium*, v° *Investitura*.
[2] § 3, cap. 17.
[3] Cap. 20, lib. 5.
[4] Albrecht distingue dans l'investiture légale des immeubles, telle qu'elle est réglée par les législations barbares, les capitulaires et les anciennes sources allemandes, deux éléments spéciaux : 1° l'acte symbolique, nommé *traditio per festucam, per guasonem, cespitem, per ramum, per andelangum, effestucatio, scolatio, adhramitio*, et dans le vieil idiome germanique, *sala, sele, salange*; 2° l'envoi réel en possession par le cédant, seul fait auquel dans l'origine se serait, suivant lui, appliquée l'expression d'*investiture*. C'est un point de vue contraire à celui qui résulte du passage de Ducange que nous avons cité plus haut. Albrecht rapporte aussi des témoignages curieux de l'importance et des effets attachés par les coutumes du moyen âge à ces deux éléments distincts de la tradition légale. L'envoi en possession réelle devait être, d'après certains droits locaux, consommé par une détention de trois jours au moins. (*Die Gewere als Grundlage des ältern deutschen Sachenrechts*, § 8.)

Lors même que l'usage de l'écriture se répandit, la rédaction d'un acte translatif de propriété se combina souvent avec les formalités de l'investiture, et le fétu symbolique fut attaché et scellé à l'acte.

Quand le régime féodal s'établit, les mêmes formalités subsistèrent, mais le théâtre en fut changé. Elles ne se déroulèrent plus dans le *mallum* des hommes libres, mais devant le seigneur et avec son intervention.

D'après le coutumier d'Artois, les choses se passaient de la manière suivante [1] :

« Et convient le vendeur raporter tout l'iretaige par raim et pas baston en le main dou signeur pour ahireter l'achateur; et convient que li hoirs, se c'est fiés, le raporte aussi, et die qu'il tout le droit qu'il a en cel hiretage, ou que eskair li pooit, il raporte en le main dou signeur al oes l'achateur, et le droit nommer. Le raport fait en ceste maniere, li sires doit conjurer ses hommes, s'il en ont tant fait, qu'ils n'i ait mais droit. Demander leur doit qu'il en a à faire; et il doivent dire par jugement que li sires en ahiretece l'acateur. Li sires l'en doit tantost ahireter, demandé avant au vendeur qui se tient por paiiet et lui seur de se droiture; saisir le doit en disant : Je vous en saisi *sauf tous drois*, en main, comme cette figure le monstre. Ce fait, li sires doit conjurer ses hommes, s'il en est bien ahiretés et à loy. Li hommes doivent dire qu'il en est bien ahiretés et à loy. »

Ces formalités, variables dans les détails de leur exécution [2], n'avaient pas seulement pour but de constater solennellement les mutations de la propriété; elles étaient destinées encore à assurer la perception des droits fiscaux des seigneurs sur les fiefs proprement dits comme sur les héritages tenus en roture [3], et à

---

[1] Nous empruntons le texte rectifié par Klimrath, Travaux sur l'histoire du droit français, t. II, p. 379.

[2] Dans les *Olim*, par exemple, on voit le rameau symbolique remplacé quelquefois par un sac plein de foin ou par tout autre emblème du sol. « Pronunciatum fuit et determinatum quod dicta terra ipsius dominæ resaisiretur tradendo ibidem ipsi dominæ saccum feno plenum vel aliud sufficiens in signum dessaisinæ prædictæ. (T. I, p. 383.)

Ailleurs, on voit le génie symbolique de l'époque se peindre dans l'emploi d'emblèmes et d'*effigies* naïves. (*V.* t. II, p. 543.)

[3] Troplong, *Revue de législation*, t. X, p. 155.

perpétuer ainsi l'idée du domaine éminent et de la suzeraineté que ces mêmes seigneurs entendaient s'attribuer.

La volonté, le libre consentement et le fait de l'homme ne suffisaient point à consommer la mutation des choses soumises au régime féodal pur. La transmission et l'occupation de ces biens, sans l'intervention du seigneur, ne produisaient, même dans la ligne de l'hérédité, ni propriété ni possession utile [1].

L'investiture nécessaire pour asseoir ces droits réels reçut spécialement pour les biens roturiers le nom de *saisine*, souvent employé cumulativement avec celui de *véture*.

Cependant l'asservissement de la propriété qui résultait du régime féodal fut l'objet d'une réaction énergique. Le droit naturel de l'héritier protesta contre les exigences fiscales qui se rattachaient à l'intervention des seigneurs, surtout dans la transmission en ligne directe.

C'est en partant de cette idée du droit naturel de l'hérédité, comme l'a fait observer M. Troplong [2], et peut-être aussi par suite des traditions du vieux droit germanique, dans lesquelles un savant étranger a cru trouver la saisine héréditaire dérivant des obligations et de la garantie mutuelle entre les membres des familles [3], que la fameuse maxime coutumière *le mort saisit le vif* s'établit dans notre droit. Dès le XIIIe siècle, elle est inscrite dans les *Établissements de saint Louis*, avec le cortége obligé, pour les habitudes du temps, de diverses lois romaines invoquées à son appui.

Cette règle s'appliqua, dans des mesures diverses, aux mutations des fiefs et à celles des héritages tenus en roture; elle varia aussi suivant les diverses lignes de successibles [4], mais ne s'établit point, du reste, sans difficulté ni sans résistance; car au

---

[1] «Aucun, est-il dit dans l'article 72 des *Coutumes notoires*, ne peut être propriétaire s'il n'est ensaisiné réaulment et de fait par le seigneur d'icelle propriété ou par les gens dudit seigneur sous qui elle est. »

[2] Troplong, *ibid.*

[3] *V.* le travail de M. Renaud de Berne, habilement interprété par M. V. Chauffour dans la *Revue de législation et de jurisprudence*, livraison de mai 1847, ainsi que les textes du droit germanique qui y sont rapportés. Nous ne donnons pas, toutefois, un sens aussi concluant au passage de Tacite : *Proximus gradus in possessione*, que paraît le faire M. Renaud.

[4] *V.* encore à cet égard l'analyse du travail de M. Renaud, professeur à Berre, par M. V. Chauffour, *Revue de législation de mai* 1847, p. 90.

XIVe siècle et à l'époque où écrivait Jean Desmares, elle n'était pas encore universellement adoptée [1].

La pente naturelle des choses devait amener avec le temps des exceptions plus larges encore à la nécessité de l'ensaisinement féodal.

Il était difficile de ne pas admettre que le défaut des formalités exigées pour l'investiture pût être couvert par certaine prescription. On induisit en effet de la *souffrance* du seigneur une sorte de saisine tacite, et on légitima de la sorte la mutation de la propriété comme celle de la possession, mais à l'aide de délais différents.

La possession décennale fut exigée pour consacrer la transmission de la propriété, à défaut des formalités de l'ensaisinement régulier [2] et par imitation de la prescription romaine consacrée pour le cas de juste titre [3].

La possession annale fut jugée suffisante pour assurer le droit d'agir au possessoire [4]. Ce fut une application en quelque sorte *subsidiaire* de cette tenure d'an et jour qui paraît avoir été introduite dans la sphère possessoire presque au même moment où elle était supprimée dans l'ordre des prescriptions proprement dites.

Nous chercherons à constater plus tard, suivant l'ordre chronologique de notre sujet, le temps et le mode de cette transformation de la possession annale peut-être sans analogie dans l'histoire du droit.

Quant à présent, nous nous bornons à signaler le principe dont le droit du moyen âge a déduit l'idée de la saisine sous ses formes diverses.

Il est une coutume qui, par le rapprochement de certains de ses articles, nous laisse apercevoir dans un contraste assez frappant le double résultat de la possession décennale et de la possession annale relativement aux immeubles transmis sans saisine régulière.

La coutume de Reims s'exprime ainsi qu'il suit :

---

[1] « Item mort saisit son hoir vif combien que particulièrement il y ait coutume locale où il faut nécessairement saisine de seigneur. » (Décision 234.)

[2] *V.* Inst. coutumières de Loisel, livre V, titre 4, règle 9.—Vermandois (Laon), art. 50.—Péronne, Montdidier et Roye, art. 265.—Sédan, art. 261.

[3] Buridan, sur l'article 168 de la coutume de Reims.

[4] Loisel, *ibid.*, règle 10.

« Art. 166. L'acquéreur d'aucun heritage, supposé qu'il ne soit le premier en titre, si toutesfois le vendeur s'estant devestu à son profit, se fait vestir et ensaisiner par la justice du lieu où l'heritage est assis, il acquiert droit de propriété au préjudice du dit acquéreur.

» Art. 167. Et combien que le premier acquéreur eut joui par *un*, deux, trois, quatre, cinq, sept, huit et neuf ans, sans soi faire vestir du dit heritage par lui acquis, et *qu'il s'en peut defendre au possessoire*; néanmoins, au pétitoire sera mal fondé et ne s'en pourra dire seigneur et propriétaire par le moyen de telle acquisition ni par quelque jouissance qu'il en ait eue moindre que dix ans.

» Art. 168. Mais si le dit acheteur avoit jouy paisiblement par dix ans entiers de l'heritage par lui acquis, il seroit fait vray seigneur et propriétaire par le moyen d'icelle acquisition et jouissance, et équipolle telle jouissance de dix ans à tradition et vesture. »

L'article 169 établit que le refus de vêtir le premier acquéreur fait par la justice du lieu vaut vesture au profit de cet acquéreur, et l'article 170 tire une conséquence de cette juste fiction modifiée [1] par le droit commun relatif aux conditions de l'action possessoire, en disant de cet acquéreur fictivement mis en possession, qu'il peut intenter l'action possessoire depuis l'*an et jour* de son acquisition.

Ces textes font parfaitement reconnaître le véritable sens de cette saisine décennale qui généralise et complète l'acquisition de la propriété envers et contre tous; ils laissent entrevoir aussi la distinction à faire entre cette saisine qui parfait le domaine et celle qui sert de base à l'acquisition de la possession légale. La première touchait à la question même de propriété; la seconde était exclusivement possessoire.

---

[1] Si la fiction eût été rigoureusement suivie, l'an et jour n'eût pas été nécessaire d'après la règle d'équivalence que Laurière a si bien formulée, mais on cumula quelquefois les deux conditions destinées à se suppléer. On fut plus conséquent dans certaines coutumes où l'on établit des délais différents pour consolider la possession, suivant qu'elle avait été précédée ou non de la saisine régulière. C'est ce que l'on voit dans la coutume de Saint-Dizier, par la comparaison des articles 25 et 285, cités *suprà*.

Pour celle-ci non moins que pour celle-là [1], divers textes montrent clairement l'équipollence de l'ensaisinement formel et du délai faisant présumer la souffrance tacite du seigneur.

« Aucun en cas de fiés, dit Desmares, n'est à oir ne à recevoir à fere ou intenter demande en cas de nouvelleté contre aucune autre, se il n'est en foy et homage ou en souffrance de seigneur qui vault foy de la chouse dont il se dit estre troublé [2]. »

Delaurière, sur l'article 96 de la coutume de Paris, résume plus nettement encore le sens vrai de la saisine possessoire : « Pour former la complainte, il faut avoir la saisine, et pour avoir la saisine, il faut avoir possédé pendant l'an et jour, à moins qu'on n'ait été ensaisiné par le seigneur dont la chose contentieuse est mouvante, car *la saisine donnée par le seigneur vaut celle qui est acquise par an et jour.* »

Cependant, à mesure que les formalités de l'ensaisinement furent négligées et que la règle *ne prend saisine qui ne veut* devint plus répandue, la possession annale destinée à suppléer cette solennité devint la condition générale des transmissions de la possession. En résumé, saisine réalisée matériellement en vertu des usages féodaux, saisine de droit au profit de l'héritier, saisine acquise par une sorte de demi-prescription, tels sont les termes de la génération successive d'idées dont l'enchaînement conduisit à généraliser sous une expression commune, dans le vocabulaire juridique du moyen âge, les droits de celui qui avait acquis la possession légale d'un objet quelconque.

Nous avons essayé d'expliquer comment la saisine résultant soit des formalités de l'investiture, soit d'une certaine durée de possession, eut aussi, par suite des principes du droit féodal, une importance sérieuse touchant au fond même des droits réels,

---

[1] *V.* note 2 de la page 75.

[2] Desmares, décision 177.

La décision 189, du même jurisconsulte, semble s'appliquer plutôt à la saisine décennale.

Elle est ainsi conçue : « Item en vente de heritage il faut vest et dévest, combien que lettres en soient faites ; car au vendeur demeure toujours la vraye saisine et possession jusques à tant qu'il en soit dessaisi en la main du seigneur foncier, et ne s'en peut dire l'acheteur saisi jusques à ce qu'il en soit saisi de fet par le seigneur foncier du lieu, se ainsi n'est qu'il en ait joy et usé par tel tems que il en ait acquis saisine et bone possession et juste. »

en ce sens que l'acquisition de la propriété à l'égard des tiers n'était point parfaite sans cette garantie.

C'est là ce qui explique la signification si souple et en quelque sorte si élastique de cette expression de *saisine*, modifiée dans des sens divers par les jurisconsultes du moyen âge, et sous laquelle on a cru retrouver quelquefois la propriété elle-même.

Nous avons déjà vu la saisine résultant de la possession décennale, placée par certains monuments du droit en regard de la saisine annale [1].

On rencontre encore dans les mêmes documents la *vraie saisine* dont parle Loisel dans cette règle : « Toutefois, l'on ne peut acquérir vraie saisine sans foi ou assentiment du seigneur [2], » la saisine de fait, celle de droit, la saisine vide, la *simple saisine* enfin, avec une signification [3] spéciale qui devra nous arrêter plus tard.

Malgré les plus savantes recherches sur le sujet de la saisine, Klimrath [4], qui a pris pour point de départ l'ouvrage allemand d'Albrecht sur la *Gewere*, ne nous paraît point avoir donné une notion vraiment satisfaisante de cette matière épineuse.

Il a considéré cette institution de notre droit coutumier comme une reproduction exacte de la *Gewere* germanique ; et appliquant à la première les lois de la seconde, il a distingué la simple saisine, qui est à ses yeux correspondante à la *gemeine Gewere*, la saisine de droit (*juristische Gewere*) et la vraie saisine (*rechte Gewere*).

En traduisant le droit germanique sur la *Gewere*, Klimrath a-t-il trouvé la véritable clef des principes et de la terminologie française relativement à la saisine ? Nous ne pouvons admettre ce point de départ de son Étude sur ce sujet.

Le mot de *saisine* n'est qu'une traduction imparfaite de celui de *Gewere*. Il n'est pas nécessaire de faire remarquer combien

---

[1] *V.*, par exemple, les règles 9 et 10 dans le titre *de la possession* (Institutes coutumières de Loisel), et les articles de la coutume de Reims ci-dessus.

[2] Instit. coutumières, livre V, titre 4, règle 8.

[3] Bouteiller désigne sous ce nom la possession sans investiture.

[4] Les idées de Klimrath paraissent avoir été suivies par M. Renaud, professeur à Berne, dans son travail sur la règle *le mort saisit le vif*, et par M. Crémieux dans son ouvrage sur les actions possessoires.

le sens étymologique de ces deux expressions est différent [1].

Les diverses catégories de *Gewere* ne répondent pas davantage aux spécifications variées de la saisine dans le droit français.

L'expression de *simple saisine*, dans nos monuments du moyen âge, sert de type à une action possessoire spéciale fondée sur la jouissance décennale, et dont nous nous occuperons plus tard en détail. Elle se distingue, sous ce rapport, de la saisine annale efficace ou possessoire comme de la simple détention, que Bouteiller appelle *saisine vide*.

Nous n'avons pu découvrir dans nos vieux auteurs ni cette *simple saisine de fait* ni cette *simple saisine de droit* auxquelles Klimrath prête la respiration et la vie.

Quant à la *vraie saisine* que cet auteur considère comme équivalente à la propriété, elle ne nous paraît point avoir cette signification dans tous les passages où l'on trouve cette expression employée [2], et notamment dans la règle de Loisel que nous avons plus haut rappelée, et où elle désigne aussi bien la possession légale que la propriété.

Enfin Klimrath s'est surtout occupé de la possession annale comme base de la *vraie saisine*, dans le sens qu'il donne à ces dernières expressions; mais il est évident qu'elle est aussi, qu'elle est même principalement, au moins à dater du XIIIe siècle, la condition indispensable de l'action possessoire [3].

Sous ce dernier rapport, il est encore impossible de méconnaître certaines nuances caractéristiques entre le droit français et le droit germanique, et dont Klimrath n'a tenu aucun compte. La première de ces législations prend à la lettre la possession *d'an et jour;* la seconde entend sous cette formule le délai *d'un an six semaines et trois jours* [4].

En présence de ces différences plus ou moins importantes,

---

[1] *Gewere* signifie littéralement *défense, garantie.*

[2] « Nos apelons veraie saisine quant aucun remaint sesi an et jor comme sires et par justice à la veue et à la seue de celui qui demander puet et ne veaut demander et se test. » (Passage du Livre de justice et de plet, cité par Klimrath, Travaux sur l'hist. du droit, t. II. p. 356.)

[3] Klimrath s'est lui-même écarté sur ce point d'Albrecht, qui attribue l'action possessoire au simple détenteur.

[4] Albrecht, p. 115 et *passim.* Nous avons vu plus haut la possession *d'un an un mois et un jour* chez les Normands de l'Italie méridionale.

nous croyons devoir répudier le système ébauché par Klimrath, et qui tendrait à révéler *à priori* le droit français sur la saisine par la traduction du droit germanique relatif à la *Gewere*. Sans doute il peut exister quelque parenté entre ces deux branches correspondantes de législations diverses, mais les divergences non moins profondes qui les séparent ne permettent pas de les confondre.

Nous avons montré plus haut comment les idées féodales avaient donné naissance à la saisine sous ses formes diverses. Si dans la multitude des documents d'une législation aussi incohérente que celle du moyen âge, on peut trouver quelques traits discordants avec la génération logique que nous avons cherché à mettre en relief, nous croyons néanmoins que ces résultats de modifications inintelligentes ou capricieuses ne sauraient cacher aux esprits attentifs le fil véritable des idées qui ont constitué la base du droit possessoire de cette époque, droit sans doute rempli d'anomalies et d'obscurités, mais qui contient cependant des principes à dégager, des déductions logiques à étudier et à suivre.

CHAPITRE VI.

Des actions possessoires en France, depuis la chute de la domination romaine jusqu'aux Établissements de saint Louis.

Après avoir préparé notre marche dans l'étude des monuments relatifs à la défense de la possession dans le moyen âge, par l'examen préalable de l'efficacité primitive de la possession annale et du caractère véritable de la saisine, il est temps de nous demander quelles furent la destinée et les transformations des actions possessoires dans la Gaule, après son envahissement par les Barbares.

Nous essayerons de résoudre cette question en interrogeant scrupuleusement les documents que la littérature juridique nous présente, et en comblant, au besoin, par le secours des conjectures et du raisonnement les lacunes inévitables que nous remarquerons dans l'ordre des faits positifs.

En suivant le sort des actions possessoires dans le passage de la législation romaine à celle du moyen âge, il importe de ne point perdre de vue la distinction fondamentale entre l'action qui avait pour but la conservation de la possession et celle qui devait en procurer le recouvrement.

Les documents historiques nous révèlent, en effet, la continuation de l'interdit *undè vi* à une époque où l'*uti possidetis* paraît oublié. Ce fait ne doit pas nous surprendre.

Nous avons déjà remarqué dans la législation athénienne, l'action caractérisée par son titre comme ayant surtout pour but de réparer l'*expulsion*, formant l'élément unique ou tout au moins principal de la défense possessoire.

Tel est en effet le remède introduit, naturellement et d'abord, pour les troubles possessoires les plus caractérisés.

A côté de l'interdit *undè vi*, répondant à ce premier besoin, le droit romain avait institué cependant l'*uti possidetis*, approprié aux atteintes possessoires plus superficielles et moins nuisibles aux droits privés comme à la paix publique.

Il est aisé de comprendre que dans la pratique judiciaire des premiers siècles après l'invasion barbare, le besoin de ce dernier moyen de défense ne se soit pas fait nettement sentir, et qu'au milieu surtout des mœurs violentes d'une époque qui longtemps après comportait encore le duel judiciaire et les guerres privées, on ait laissé à l'énergie du possesseur le soin de défendre sa chose contre des agressions de détail, en venant seulement à son secours lorsqu'il était dépossédé. Il est possible même que lors du développement d'un besoin de protection plus délicate pour la possession, on se soit borné, comme on paraît l'avoir fait à Athènes, à étendre le cercle de l'action établie pour remédier à la dépossession, et à faire de la sorte rentrer certains cas de simple trouble dans l'application de l'ancien interdit *recuperandæ possessionis*.

C'est sous cet aspect général que les choses apparaissent dans les premiers âges de notre droit civil français.

L'idée de la possession comme droit privé s'y trouve peu développée [1], mais la dépossession violente y rencontre cependant une répression principalement motivée peut-être par les exigences de la paix publique.

L'ancien interdit *undè vi* se perpétue dans des monuments d'une signification évidente, et son maintien nous est attesté par des textes sinon très-nombreux au moins parfaitement précis.

Le 161ᵉ capitulaire du 6ᵉ livre réédita purement le principe pénal joint à l'ancien interdit *undè vi* par les dernières autorités de la jurisprudence romaine [2].

« Si possessor per violentiam expellatur. »

« Quicunque violenter expulerit possidentem priusquam pro
» ipso judicis sententia præcedat, si causam meliorem habuerit,
» ipsam causam de qua agitur perdat; ille vero qui violentiam
» pertulit universa in statu quo fuerant recipiat et quæ possedit

---

[1] « Le mot de possession, dit M. Ch. Giraud dans sa thèse sur les actions possessoires, n'est jamais employé dans les capitulaires pour désigner un droit; il y est synonyme de terre, aleu, propriété patrimoniale. »

[2] L. 7, *C. unde vi.*

» securus teneat. Si vero illud invadit quod per judicium obtinere
» potuit et causam amittat et aliud tantum quantum invadit
» reddat expulso [1]. »

Le livre qui porte le nom de *Petri exceptiones*, et qui a été rédigé
au XIe siècle dans le midi de la France, ne contient non plus rien
de relatif à l'ancien interdit *uti possidetis ;* mais, conforme sous ce
rapport aux usages contemporains d'un pays voisin de notre fron-
tière méridionale [2], il rappelle, tant à l'égard des meubles que des
immeubles, les principes sévères que nous venons de rencontrer,
relativement à la spoliation, sous la plume d'un rédacteur des
capitulaires [3].

Dans les lois municipales d'Arles, qui datent du siècle suivant,
nous trouvons un autre genre de pénalité plus fixe appliqué en
guise d'amende à la spoliation des immeubles [4].

Jusqu'ici la tradition romaine s'est perpétuée sous certaines
modifications, et au XIVe siècle nous la trouverons vivante encore
dans l'école *néo-romaine* de Montpellier. Mais dans la France
septentrionale, patrie du droit coutumier, affranchie des souvenirs
de la législation romaine, il est probable que l'interdit *undè vi* ne
survécut guères à la législation éphémère des capitulaires. L'action de *nouvelle dessaisine* dût le remplacer promptement.

C'est à tort qu'on a considéré quelquefois les Établissements de
saint Louis comme la première loi par laquelle on aurait réprimé
les nouvelles dessaisines en France [5].

M. Henrion de Pensey a dit [6], avec une justesse d'intuition remarquable, quoique avec insuffisance de recherches historiques :

---

[1] Walter, *Corpus juris germanici*, t. II, p. 618.

[2] *Usatii Barchinone patriæ* de 1068, art. 154.

[3] *Petri exceptiones*, lib. 3, cap. 2, *De rapina mobilis rei*, et cap. 11, *De
invasione immobilium rerum.* — Dans un monument de la même époque, à l'article 14 des statuts d'Aigues-Mortes, dont la rédaction remonte au règne de Philippe Ier, la distinction entre la dépossession et le trouble est clairement marquée
au point de vue de la poursuite criminelle d'office : « Item de possessione turbata
non inquirat vel puniat per inquisicionem sed de vi ablativa vel compulsiva inquirat et puniat. »

[4] Art. 166. « Item statuimus quod nullus invadat possessionem rei immobilis
alicujus sua autoritate. Quod si fuerit solvat centum solidos pro pena et dicta possessio restituatur ei cujus primo fuerat ; et quod amplius non audeat experiri oc-
casione dicte invasionis. »

[5] Livre 2 des Établissements, ch. 6.

[6] **Compétence des juges de paix.**

« Depuis la promulgation de cette loi (la loi salique) jusqu'au XIIIᵉ siècle, je ne vois rien dans nos anciens monuments sur cette partie de la jurisprudence. Il faut cependant bien qu'on s'en soit occupé, car nous la verrons (dans le chapitre suivant) assujettie à des règles qui supposent de l'usage et de la méditation. »

Nous avons trouvé dans les capitulaires et dans les monuments juridiques du midi de la France les débris des traditions romaines subsistants jusqu'au XIIᵉ siècle. A côté de ces ruines, qui devaient être fécondes, et en contraste avec elles, des idées nouvelles s'établissaient encore, dans le cours de cette époque où Henrion de Pensey a supposé avec raison qu'il devait se trouver autre chose que le vide.

L'action de nouvelle dessaisine nous paraît en effet aussi ancienne que les origines mêmes de notre droit coutumier.

Lorsque les premières coutumes se formèrent dans les contrées septentrionales de la France, l'esprit de cette législation nouvelle ignora probablement, et aurait en tout cas repoussé le principe de pénalité raffinée lié par les constitutions des derniers empereurs romains à l'obligation de restitution possessoire et confirmé depuis par les capitulaires. La pratique judiciaire de cette époque dut néanmoins protéger la possession légalement acquise, avec d'autant plus de vigueur, que par les formalités de la saisine celle-ci avait acquis un caractère plus solennel et résumait le droit le plus éminent qu'on pût acquérir sur les choses.

Dans la pureté primitive du régime féodal, le domaine appartenait au seigneur : « Il n'y avait, dit M. Giraud[1], d'après Blak- » stone, de vraie propriété, de possession assurée, que celle du » possesseur souverain. » Les droits du tenancier se résumaient dans une possession précaire et conditionnelle. Lors même que ces droits se consolidèrent par le principe de la jouissance viagère et de l'hérédité, la nécessité de l'ensaisinement du seigneur pesa encore quelque temps sur cette nature de propriétés imparfaites.

« Il est évident, ajoute dès lors avec raison M. Giraud, que sous le droit féodal il n'y avait ni propriété, ni possession civile, ni

---

[1] Thèse, p. 32.

action possessoire telles que nous les comprenons. » La puissance naturelle de l'appropriation par le travail, la liberté des mutations par le consentement, tout cela était en partie méconnu par le droit de cette époque, et ce qu'il y avait surtout alors à défendre c'était la tenure, appuyée sur la saisine et se confondant avec elle, la tenure, qu'il fallait protéger du reste autant pour sauvegarder la prérogative du seigneur que dans l'intérêt du vassal.

Toute atteinte à cette possession légitime donna lieu, soit à l'action de *nouvelle dessaisine*, dont le nom indique assez la date moderne, la filiation logique et la nature, soit au *claim de force*, qui en fut souvent distingué comme relatif à une circonstance aggravante de l'attaque dirigée contre la possession.

Les praticiens de l'époque ne renfermèrent pas la nouvelle action dans les cas de spoliation, objet de l'ancien interdit *undè vi* qu'ils ne connaissaient guère. Ils paraissent avoir compris dans le cercle de l'action de dessaisine plus d'une atteinte possessoire que les jurisconsultes romains eussent fait rentrer dans celui des interdits relatifs aux servitudes ou peut-être même de l'*uti possidetis* [1].

L'action de nouvelle dessaisine établie sur cette large base remonte au moins au XIIe siècle, et probablement à une époque antérieure.

Si nous admettons (ce qui paraît établi) que le livre de Jean d'Ibelin sur les assises de Jérusalem, quoique rédigé au XIIIe siècle, retraçait les usages importés de l'Europe et surtout de la France par les premiers croisés, vers la fin du XIe siècle, nous induirons en effet de ce monument du droit oriental l'existence à cette dernière époque de l'action de nouvelle dessaisine en Europe.

---

[1] Au chapitre du Brief de nouvelle dessaisine, dans le Grand coutumier de Normandie, nous trouvons mentionnées les dessaisines de terres, de rentes, de faisances, de franchises, de services, de pasnages et autres fruictages.

Les Assises de Normandie nous montrent pareillement le brief de nouvelle dessaisine délivré pour rente non payée. (Établissements et coutumes, par Marnier, p. 101.)

Cette extension de l'idée de dessaisine au delà des termes de l'interdit *undè vi* provenait de ce que l'idée de spoliation à laquelle correspondait l'action de dessaisine était en elle-même plus large que celle d'expulsion (*dejectio*), dont s'occupait le droit romain relatif à l'*unde vi*, et qui ne s'appliquait qu'à la possession des immeubles. Dans le langage des auteurs du moyen âge, il y avait spoliation toutes les fois qu'il y avait cessation forcée de l'exercice d'un droit quelconque.

Or le 64ᵉ chapitre du livre de Jean d'Ibelin nous présente les détails les plus étendus à cet égard, sous la rubrique : *que l'on deit dire et faire qui viaut recovrer saisine de ce de quei l'on l'a dessaisi.*

Ce texte est assez intéressant pour mériter un examen attentif [1].

Le dessaisi adresse sa requête au seigneur pour être remis en sa saisine. Celui-ci, après avoir reçu cette plainte, doit faire procéder à une enquête et ensuite remettre en possession le dessaisi, avec défense à l'adversaire de le déposséder de nouveau.

« Et se celui à qui la defence aura esté ensi faite s'en ressaisist sans esgart ou sans conoissance de court ou sans le congié dou seignor, il fera force ; et se il en est ataint ou prové, il sera encheu en la merci dou seignor come ataint de force. »

La plainte de nouvelle dessaisine doit être formée dans le délai de quarante jours. Après ce délai la dessaisine n'est plus *nouvelle*, à moins que le plaignant ne puisse faire excuser son retard, « se il n'a esté en celui terme fors dou pays ou s'il n'a esté essoignié de son cors par maladie ou par prison ou par ce que son seignor le semonst de son servise, ou par aucun autre essoine que il a eu, porquoi il dedans les quarante jors ne put venir à court devant le seignor et requerre qui est devant dit. »

Plus loin, Jean d'Ibelin expose les conséquences du retard dans l'exercice de la nouvelle dessaisine.

« Et si celui qui a esté dessaisi laisse les quarante jors passer, si come est dessus dit, sans faire requeste au seignor que il li face faire l'enqueste de la novelle dessaisine, il ne peut puis aveir par raison la saisine de ce de quoi il dit que l'on l'a de novel dessaisi, que par claim et par responce et par preuves de garens en quei il aura tornes de bataille se la carelle est d'un marc d'argent ou de plus, et se elle est de mains de un marc d'argent et il li met sus force [2] ou claim de la *saisine* [3] et l'euffre à prover, il

---

[1] Édition Beugnot, p. 103 et suiv.

[2] Il est souvent question de claim *de force, de force aparant, de force palaise* dans les Assises de Jérusalem. *V*. Livre de Jean d'Ibelin, ch. 107 et 241. — Livre de Philippe de Navarre, ch. 77. — Livre de Geoffroy Le Tort, § 22. Celui-ci dit comme Jean d'Ibelin : « Qui est ataint de force son cors est en la merci dou seignor. »

[3] Peut-être faut-il lire *dessaisine*, suivant la version d'un manuscrit cité par

aura bataille, se l'autre la née la force ; et s'il ne la née, il sera ataint de force et enchue en la merci dou seignor come ataint de force. Et se il l'une des dittes choses ne fait, et il requiert par court à celui qui l'aura dessaisi ce dont il l'aura dessaisi ; celui en plaidiera come saisi, et il porra dire moult d'eschampes et de fuites, et tant que celui qui en aura esté dessaisi en sera moult travailliez ainz que il l'ataigne, se le fuiant le viaut et set faire, et en ce porra aveir grant damage le requérant. »

On voit, par ce qui précède : 1º que la plainte de nouvelle dessaisine, suivant l'assise de la haute cour, n'exige aucune durée légale dans la possession du plaignant ; 2º qu'elle peut être exercée sans qu'il y ait eu violence, et que cette circonstance alléguée permet seulement au plaignant d'obtenir bataille lors même qu'il s'agirait d'une valeur au-dessous d'un marc d'argent ; 3º qu'elle doit être exercée dans le délai de quarante jours et par une requête adressée au seigneur, sans procédure contradictoire lorsque la plainte a lieu dans ce délai ; 4º qu'après ces quarante jours écoulés il ne reste plus au dessaisi, pour recouvrer sa possession avec tous les avantages qu'elle entraîne dans les débats juridiques, que la ressource d'une procédure par *claim* et par responce, qui entraîne tournois de bataille soit que le claim prenne le nom de *claim de force* ou garde celui de claim de nouvelle *dessaisine.*

Tels sont les principaux traits de l'organisation de la défense possessoire dans cette législation d'outre-mer, qu'on a ingénieusement comparée, sous le rapport de la constitution de la propriété, à celle des Musulmans, que les Croisés venaient de déposséder [1]. Ainsi que le remarque M. Ch. Giraud [2], on n'y trouve point la propriété et la possession nettement distinguées, et la raison en est simple, le délai si court de l'annalité pour l'acqui-

M. Beugnot. Il s'agit ici de l'allégation de violence exercée, ou encore d'une dépossession contraire à un ordre du seigneur.

[1] Après avoir décrit la constitution de la propriété chez les Musulmans subordonnée au domaine supérieur du sultan et de ses émirs, M. Beugnot dit à ce sujet : « Si l'on met le principe féodal à la place du principe religieux, on trouve » une analogie frappante entre cette idée politique et celle qui, en Europe, fai- » sait remonter au souverain, dernier terme de la hiérarchie féodale, le droit de » suzeraineté de toutes les propriétés. » (Introduction du t. II, p. 41.)

[2] Thèse, p. 33.

sition de la *teneure* laissant si peu d'intervalle entre cette position et celle du simple possesseur.

Si nous repassons la Méditerranée, nous trouvons aussi dans les monuments des législations normande, anglaise, française, l'action de *dessaisine* établie sous un nom identique mais avec des formes diverses.

L'ancien Coutumier de Normandie publié par M. Marnier, et dont l'éditeur attribue la composition à l'époque de Ph. Auguste [1], tandis que M. Beugnot la reporte vers la fin du XII° siècle [2], sépare parfaitement la propriété et la possession. On remarque la distinction nettement marquée entre le *plet* de la propriété et le *plet* de la possession dans l'un des chapitres de ce curieux monument [3]. Tout démontre aussi que dès lors on distinguait parfaitement la possession, efficace sous le rapport de la *sesine*, et qui s'acquérait par la levée d'une moisson, de celle qui était nécessaire pour assurer la propriété et qu'on voit figurer dans les assises et arrêts, presque contemporains, de l'Échiquier de Normandie, sous le nom de *longue tenue* de 30 ou 40 ans [4]. Il est même à remarquer qu'il s'agit dans l'une de ces décisions de la *longue* tenue d'un *fieu* : « por ce que li abbes avait tenu le fieu XXX ans ou plus, » ce qui indique que déjà on commençait à considérer les fiefs comme patrimoniaux.

Un titre des Établissements et coutumes de Normandie traite fort en détail de la manière de plaider sur la *propriété d'eritage;* plusieurs autres s'occupent aussi soigneusement de la *dessesine*. Sous la rubrique de Devestement fait sans jugement, on lit notamment ce qui suit [5] :

« Nus n'ost devestir home d'aucune chose forz par l'ordre du jugemenz : il sera donc requeneu par le serement de XII hommes del visné, li quiex en ot la sesine el derrenier aost; et si li dui ou li troi se font non sachant de la vérité de la chose, elle soit terminée par les IX se il en sevent la vérité. »

---

[1] Établissements, coutumes et assises de l'échiquier de Normandie, p. 17 à 19.
[2] Introduction aux Assises de la Haute Cour, p. 35.
[3] De ceus qui sont dedanz aage.
[4] *V.* p. 125 et 156.
[5] P. 20.

Et ailleurs, sous la rubrique de Dessesine [1] :

« Se aucuns est despoilliez de son tenement puis le derrenier aost, ou puis celui devant le derrenier, il doit demander sa sésine par cest brief ; li rois ou li senechaus mande saluz au bailliz de tel leu ;

» Commande à H que il resésisse sanz nul délai R de son tènement qui siet en tel leu de que il fu seziz au derrenier aost, ou à celui qui fu devant le derrenier de qoi il ia puiz dessesi à tort et sanz jugement ; et se il ne le fet, se li autres te done plege de sivre sa clameur semon XII chevaliers léaus et les hommes del visné que il soient à la première assise de ta baillie apareillé à fere requenoissant par leur serement, et fai dedans ce veoir la terre et semon H que il soit à la veue et à l'assise et aies à toi tès jureeurs et le semonneeur et cest brief. » Le reste du chapitre règle les conséquences du défaut de comparution de la part soit du demandeur soit du défendeur.

On retrouve la même institution mentionnée plusieurs fois dans les assises et arrêts de l'échiquier de Normandie de la première moitié du treizième siècle [2], et elle s'était collatéralement développée de l'autre côté de la Manche [3].

Glanville, justicier d'Angleterre au XII⁰ siècle (c'est-à-dire au commencement du déclin des institutions féodales), et qui avait visité comme croisé ces établissements chrétiens de l'Orient dont nous parlions tout à l'heure, s'est occupé de l'action de nouvelle dessaisine dans le livre XIII de son traité des lois et coutumes d'Angleterre. Il donne sous les §§ 32 à 37 de ce livre diverses formules de brefs de dessaisine, soit pour dépossession véritable,

[1] *V.* p. 53.

[2] *V.* la publication de M. Marnier, *passim.*

Suivant toute probabilité, la plainte de nouvelle dessaisine que l'ancien coutumier de Normandie appelle *clameur*, était souvent accompagnée du cri de haro ou de huée, d'abord rattaché aux délits capitaux, mais que l'on représente aussi comme lié à la revendication : « Sed et ab hutesio voco clamor apud Practicos Gallos, Anglos, Italos et usurpari ex hoc usu cœpta pro rei alicujus vindicatione quam etiam calumpniam vocabant : quod qui rem repetebat levato clamore coram testibus et concivibus suam esse assereret sibique reddi postularet : quod etiam nunc faciunt Normanni nostri apud quos rei vindicatio clameur de haro dicitur. » (Ducange, v° *Huesium* ; *V.* aussi v° *Haro.*)

Dans le dernier état de l'ancien droit en Normandie : « Haro est interdictum retinendæ possessionis. » (Lacombe.)

[3] *V.* Recueil de Houard.

soit pour simples troubles résultant de fossés détruits, de niveaux d'étang exhaussés, etc. Ces brefs ont de l'analogie avec ceux de la procédure de l'ancien coutumier de Normandie.

Dès lors aussi la réaction contre le droit féodal commençait, et la distinction de la propriété et de la possession devenait possible.

Britton, autre jurisconsulte anglo-normand, fait un parallèle remarquable du possessoire et du pétitoire, déjà distincts dans le *Traité* de son devancier. « Petite assise, dit-il au chap. 42 *de Disseisine*, est reconisaunce de 12 jorours del droit le pleyntise sur la possession et pour ceo est appelé petite, al a difference de la graunde, oustre quel nad iammes accion ne remedie que nest en la petite. Car tout perde len par la petite uncore parra leu recoverer par atteynte ou par brefe de droit en la propreté. »

L'action n'a pas lieu seulement pour la possession des immeubles : « Et nemy soulement en disseisine faite de terres et de tenements, eins est de rentes et de estouers [1] et de toute manere de annuels profits dues a terme de la vie le disseisi dont vueue pusse estre faite de ascun certein lieu ou ceux profits deivent surdre. »

Hornes, dans son *Miroir de justice* [2], reproduit le parallèle établi par Britton entre les petites assises relatives à la possession et les grandes assises concernant la propriété. « Le remedie de disseisins, ajoute-t-il, ne tient lieu ne de biens moveables ne de rien qui ne poit cheoir en heritage. » Il distingue dans le même ouvrage quatre manières de *pleas possessories*.

Fleta, écrivain de la fin du XIIIᵉ siècle, comme le précédent, explique et développe dans divers chapitres les principes énoncés par les auteurs précédents sur le sujet qui nous occupe.

Il semble admettre un certain droit de saisine résultant de la possession annale dans un cas déterminé [3].

L'action de nouvelle dessaisine est pareillement mentionnée

---

[1] Droits d'usage.

[2] Section 25, De assise de novel disseisin et redisseisin.

[3] « Cum quis etiam post mortem uxoris suæ se tenere voluerit in seisina tanquam per legem Angliæ cum liberos non habuerit, statim infra annum ad minus per verum hæredem ejiciatur. Qui si ultra annum seisinam retinuerit de aliquo jure per hæredis negligentiam præsumi poterit : possessio enim quandoque jus parit et si ejici non poterit tunc ei succurritur per tale breve, etc. » (Fleta, lib. 4, cap. 30.)

en France par les jurisconsultes contemporains des derniers auteurs que nous venons de citer.

« Par nostre usage, dit Pierre de Fontaines [1], puet en plaidier
par devant le baillif del païs de force et de dessaisine de cui que
fié que ce soit qui est en lor bailli ; car à eus apartient d'oster
les forces et de tenir chascun en seisine et li fonz de la querele
voist au seignor de qui il muet. »

Brodeau [2] cite d'autres documents des XIIᵉ et XIIIᵉ siècles qui
rappellent l'action de nouvelle dessaisine : « La charte de la communauté de Saint-Quentin, de l'an 1195, et une sentence ar-
bitrale de l'an 1269 étant au chartulaire de la même ville, dont
les extraits sont rapportés par de la Fons sur la coutume de Vermandois, art. 137, n° 17, qui font mention de clameur ou complainte et semonce de nouvelle dessaisine ; les anciennes traduc-
tions françaises manuscrites du Code de Justinien faites vers
l'an 1135, aux six premiers titres du 8ᵉ livre, qui parlent des
interdits, usent partout du mot dessaisine trouble et dessaisine
d'héritage, etc. »

Après l'énumération de tels documents, il est, on le voit,
suffisamment démontré que l'auteur des Établissements de saint
Louis n'a fait que constater ce qui existait déjà depuis longtemps,
lorsqu'il a posé le droit de la défense possessoire sous forme d'*exception* préalable autorisée en ces termes :

« Nul ne doit en nulle cort pleder desesis, mais il doit demander sesinne en toute œuvre, où doit savoir se il le doit avoir
et droit dit que il la doit avoir et n'est mie tenus de respondre
dessesis (ne despouillés) ne le sien tenant ne ne fere nule con-
noissance ne response ne defautes nulles selonc droit escrit en
décrétales et titre de l'Ordre des connoissances en la décrétale
qui commence : *Cum dilectus filius* [3]. »

Ailleurs la formule de l'*action* de nouvelle dessaisine est reproduite ainsi qu'il suit dans le même monument :

---

[1] Conseil de P. de Fontaines, ch. 32, § 17, p. 375, édition Marnier. Ce passage
du livre de P. de Fontaines donne à penser qu'il a été écrit après l'édit de 1277,
attribuant la compétence possessoire aux baillis, et dont nous parlerons plus bas.
Ducange pense, au contraire, que le *Conseil* a été rédigé vers 1253. Ce qui paraît
certain, c'est que de Fontaines vivait en 1289. *V*. édition Marnier, p. x.

[2] Sur la coutume de Paris, t. II, p. 84.

[3] Liv. 2, ch. 6. *V*. Décrétales, liv. 2, t. 10, *De ordine cognitionum.*

« Sire uns riche hons est venus à moy d'une meson ou de pré
ou de vignes ou de terres ou de cens ou d'autres choses, et m'a
dessaisi de nouvele dessesine que je exploitié au seu et au veu en
servage de seigneur jusques à ores, que il m'en a dessaisi à tort
et à force dont je vous prie que vous prengniez la chose en vostre
main [1]. »

Le droit canonique cité dans les *Établissements*, ne l'a été
sans doute que comme une autorité à l'appui de la tradition coutumière manifestée par les divers documents antérieurs que nous
avons rappelés et qui renfermaient la consécration permanente
du principe de la défense possessoire.

Arrivés toutefois à une époque de transition, où à très-peu
d'années de distance des Établissements de saint Louis, nous
verrons apparaître un système complet et nouveau dans les monuments du droit coutumier, il convient que nous suspendions
la marche chronologique de notre sujet pour arrêter notre attention sur cette doctrine du droit canonique qui s'élève pour ainsi
dire à l'horizon de notre droit civil, doctrine distincte des sources
que nous avons jusqu'à présent étudiées, mais reflétant dans ses
enseignements et sa langue les monuments originaux de la sa-
gesse romaine, qui avait révélé pour la première fois au monde
le type complet d'une législation civile.

[1] Liv. 1, ch. 65.

CHAPITRE VII.

De la protection accordée à la possession par le droit canonique.

Un écrivain du droit canonique nous découvre par un bref exposé le berceau de la doctrine dont il écrit l'histoire :

« L'Église, dit-il, n'avait dans les premiers siècles d'autres lois que celles qu'elle trouvait dans les saintes Écritures. La charité, qui régnait alors entre les chrétiens, prévenait la plupart des différends, et ceux qui naissaient étaient apaisés par l'autorité des apôtres et des saints pasteurs qui leur succédèrent. Cette autorité, soutenue par les miracles, était toute spirituelle et ne s'étendait que sur les âmes. Pour les choses temporelles, les chrétiens obéissaient aux magistrats et suivaient exactement la loi civile. Mais comme dans le commencement la doctrine de Jésus-Christ n'était point écrite, qu'elle ne le fut en divers temps qu'après sa mort, et que d'ailleurs notre Sauveur n'avait pas révélé avant son ascension toutes les choses nécessaires à ses apôtres, ceux-ci ajoutèrent à l'Évangile, ou l'expliquèrent dans leur mission suivant les nouvelles connaissances qu'ils avaient reçues de l'Esprit saint. »

Tels sont les termes empreints du sentiment de la foi chrétienne dans lesquels Durand de Maillane [1] expose l'origine des premières règles de la législation canonique, règles connues sous le nom de *Canons des apôtres*, quoiqu'on ignore leur auteur et l'époque de leur rédaction.

A mesure que l'Église s'étendit, qu'elle obtint la protection du pouvoir temporel et qu'elle eut à lutter contre les hérésies, les intérêts de sa foi et de sa discipline exigèrent des décisions plus fréquentes, plus variées, plus solennelles : les canons des conciles se multiplièrent.

[1] Hist. du droit canon, part. 2, ch. 1.

L'invasion des barbarés n'interrompit point la tradition et le développement de cette doctrine sacrée.

Asile de la civilisation qui périssait, berceau de celle qui allait naître, l'Église conserva ses lois et sa juridiction intérieure, que le principe barbare de la personnalité des lois aurait, au besoin, protégées.

Les fausses décrétales, répandues en Europe au IXe siècle, sous la protection d'un nom qu'Isidore de Séville avait rendu justement célèbre, grossirent de leur contingent apocryphe l'ensemble des monuments successifs du droit ecclésiastique, devenu sur plus d'un point la source de la législation des capitulaires.

« Si les principes sur le mariage, les testaments, les juridictions, l'appel et la procédure civile se conservèrent dans les plus mauvais jours, et malgré l'effort des mœurs barbares et de tous les désordres qu'elles traînaient avec elles, l'Europe, dit M. Beugnot [1], en fut redevable à une législation qui savait rester fidèle aux dogmes de la vie éternelle, sans rien refuser au génie des peuples ni aux exigences des temps. »

Les monuments du droit ecclésiastique furent compilés dans une foule de recueils divers dont le plus remarquable fut celui rédigé au milieu du XIIe siècle par le moine Gratien, et connu sous le nom de *Gratiani Decretum.*

Cette vaste collection présente principalement à l'analyse [2] des décisions relatives à la constitution, à la hiérarchie, à la juridiction et à la discipline de l'église. Quelques parties seulement, concernant la législation du mariage, la prescription des biens de l'église, la pénalité des libelles diffamatoires, touchent d'une manière éloignée à des objets réglés par le droit civil. C'est dans l'une des *causes* renfermées dans la deuxième partie du décret de Gratien, que l'on a cru trouver [3] le germe d'une action possessoire souvent mentionnée depuis sous le nom de *réinté-*

___

[1] Introduction à la coutume de Beauvoisis, p. 48.

[2] *V.* Hist. du droit canon, part. 2, chap. 5.

[3] Constantius Rogerius a été jusqu'à penser que la constitution *Reintegranda* avait eu pour objet d'enchérir sur la décrétale *Sæpe contingit* (évidemment postérieure), en atteignant les tiers détenteurs de bonne foi.

V. son traité *De remediis possessoriis*, dans le *Tractatus tractatuum*, t. III, p. 245.

grande, d'après le mot initial de l'un des chapitres qui y sont consacrés.

Voici le texte du canon qui a été l'objet d'une aussi considérable méprise :

« Reintegranda sunt omnia expoliatis vel ejectis episcopis or-
» dinatione pontificum et in eo loco undè abcesserant, funditus
» revocanda, quacunque conditione temporis aut captivitate,
» aut dolo, aut violentia majorum (vel malorum) aut per quas-
» cunque injustas causas res ecclesiæ, vel proprias, aut substan-
» tias suas perdidisse noscuntur, ante accusationem, aut regu-
» larem ad synodum vocationem [1]. »

De quelque manière qu'on envisage ce texte, ainsi que celui des deux chapitres précédents, évidemment relatifs au même objet, il est impossible d'y trouver autre chose qu'un ensemble de dispositions spécialement applicables aux évêques dépouillés de leurs siéges. Ces canons décident qu'en vertu d'une sorte d'exception préalable, ces évêques ne pourront être traduits devant les synodes avant d'avoir été pleinement rétablis dans leur position primitive. Mais il n'y a rien dans leurs dispositions qui puisse s'appliquer à des cas plus généraux ni aux autres personnes justiciables de l'église.

Un lauréat de la Faculté d'Aix, M. Crémieu, a réfuté justement les auteurs qui ont vu dans ces textes canoniques une modification extensive des principes sur l'interdit *unde vi*, sous le rapport de la nature de la possession, des circonstances de la spoliation et du nombre des personnes contre lesquelles la nouvelle action pourrait être exercée.

« Rien, dit-il [2], n'est changé dans les principes de la posses-sion ; l'action par laquelle l'évêque se fera restituer, pourra être une revendication, une action de dol, ou peut-être l'interdit *unde vi*, tel qu'il existe en droit romain ; en un mot, on n'é-nonce pas ici un droit d'action, on ne fait que le supposer. »

Cependant le droit canonique sortit peu à peu de la sphère pu-

---

[1] *Decretum Gratiani*, pars. 2, causa 3, quæst. 1, cap. 3. Ce canon a été attribué à Jean Ier et à l'année 523.

[2] *V*. Théorie des actions possessoires, n° 187, et Savigny, Traité de la posses-sion, p. 586.

rement ecclésiastique dans laquelle il avait été longtemps renfermé.

L'influence juridique des papes sembla se dilater en raison directe de la suprématie politique que leur habile énergie sut pour quelque temps s'attribuer sur l'Europe féodale.

« La grande autorité, dit Durand de Maillane, que les papes s'étaient acquise par la voie des causes majeures dont on se fût fait un crime de leur contester alors [1] la compétence, occasionnait beaucoup de décrétales. De partout on recourait au souverain pontife, ou par appel juridique, ou de plein gré, par une religieuse déférence. On ne distinguait ni les matières, ni les personnes. Les questions purement civiles lui étaient proposées de la part même des princes et des rois [2]. »

La science juridique de plusieurs papes [3] répondit dignement à cette haute situation que leur faisait tout à la fois la confiance des peuples et l'ignorance des juges laïques. On vit, en effet, ceux-ci céder souvent leur place aux clercs, jugeant d'après le droit canon et appliquant les réponses des pontifes, à l'instar des anciens rescrits des empereurs [4].

Au XIIIe siècle la législation canonique était même la seule qui fut professée publiquement dans les universités de France et d'Italie.

A l'instar des anciennes théocraties, le sacerdoce chrétien était donc législateur et juge; mais à ses côtés, et par une puissance de conciliation et de variété dans l'unité qui caractérise la civilisation moderne, le droit laïque se développait librement.

Nous ne tardons pas à voir, dans la collection des décrétales composées par Raymond de Pennafort, sous l'autorité de Grégoire IX, en 1234, le système possessoire réglé par le droit canonique.

Distinction nette des débats relatifs à la possession et de ceux concernant la propriété, sous-distinction assez faiblement marquée du possessoire à fin de réintégration et du possessoire à fin de rétention, soumission du pétitoire et du possessoire aux mê-

---

[1] Il parle du XIIe siècle.
[2] Histoire du droit canon, part. 2, chap. 6.
[3] V. Fleury, Inst. du droit ecclésiastique, part. 1, chap. 1.
[4] Histoire du droit canon, part. 2, chap. 7.

mes juges [1], autorisation de les cumuler en certains cas [2], telles sont les règles les plus générales émises à ce sujet par divers pontifes, dans un sens peu différent des traditions romaines.

Innocent III introduisit cependant en cette matière une disposition nouvelle et parfaitement équitable, en étendant au tiers possesseur qui avait connu la spoliation l'obligation de la restitution possessoire [3].

« Sæpè contingit quod spoliatus, per spoliatorem in alium re » translata, dum adversus possessorem non subvenitur per res- » titutionis beneficium spoliato, commodo possessionis amisso, » propter difficultatem probationum juris, proprietatis amittit » effectum. Unde *nonobstante* juris civilis rigore, sancimus ut si » quis de cætero scienter rem talem receperit, cum spoliatori » quasi succedat in vitium (eo quod non multum intersit quoad » periculum animæ injustè detinere ac invadere alienum) contra » possessorem hujus modi spoliato per restitutionis beneficium » succurratur. »

Sauf cette extension de l'action possessoire relativement aux personnes qui y sont soumises, les dispositions des décrétales sont en général fondées sur les principes de l'ancien droit de Rome.

L'origine du droit canonique, la tendance constante de l'Église à conserver les traditions romaines, enfin le mouvement *résurrectionnel* imprimé à ces doctrines à l'époque de la rédaction des décrétales, rendaient déjà cette corrélation probable; elle devient évidente d'après les textes qui tantôt rappellent la rigueur d'un droit civil [4] qui n'est autre que celui de l'ancienne Rome, et tantôt parlent expressément de l'interdit *unde vi* comme synonyme de l'action de spoliation [5].

La source romaine était déjà pour les papes ce qu'elle fut plus tard pour la science des jurisconsultes, une *raison écrite*, flexible toutefois sur certains points, aux idées et au langage des temps

---

[1] « Causa possessionis et proprietatis sub eodem judice terminari debet. » (*Decret. Greg.*, l. 2, tit. 12, c. 1.)

[2] *Ibid.*, ch. 2, 3 et 5.

[3] *Ibid.*, tit. 13, c. 18.

[4] *V.* notamment t. 12, c. 2, et la décrétale *Sæpe contingit*, ci-dessus.

[5] *V.* tit. 3, *De restitut spoliatorum*, cap. 15.

modernes comme aux inspirations de l'équité et de la conscience chrétienne.

M. Mittermaier, dont les opinions méritent une si sérieuse attention, a cru trouver des traces importantes de l'influence des traditions germaniques dans les dispositions du droit canonique sur la défense possessoire [1].

Il rapporte en premier lieu à cette origine les principes du droit canon relativement à la restitution du spolié, soit que sa saisine fût bonne ou mauvaise.

Mais il faut observer à cet égard : d'abord que, sans exiger la durée annale de la possession, le droit canonique ne protégeait cependant que la possession acquise régulièrement et au su du précédent possesseur [2]; enfin que l'interdit romain *unde vi* secourait aussi le possesseur de mauvaise foi, au moins dans le dernier état de la jurisprudence justinienne.

Le savant allemand a été, en second lieu, frappé de ce que le droit canonique avait admis le *remedium spolii* dans les cas d'enlèvement de bénéfices, ou encore dans ceux de violation des droits matrimoniaux des époux [3], cas qui lui paraissent analogues à certaines applications de l'idée de saisine germanique. Il rattache à la même origine l'importance attachée par les décrétales à l'ancienneté de la possession [4].

Mais ce sont là, suivant nous, des développements de la défense possessoire qui tiennent si intimement soit à la génération logique des idées, soit à la nature même des objets traités par le droit canonique, qu'il est bien difficile, sans un esprit national très-décidé, de les rapporter à des emprunts faits directement à la tradition germanique.

Quant à la possession annale, que l'on eût dû retrouver dans les décrétales, si leurs auteurs avaient cherché leurs inspirations aux sources germaniques, puisqu'elle était le signe caractéristique de la *Gewere*, nous ne croyons pas qu'elle soit seulement nommée dans les textes du droit canonique du moyen âge.

---

[1] *Der gemeine deutsche bürgerliche Prozess, vierter Beitrag*, p. 290.
[2] T. 13, cap. 12.
[3] *V.* t. 13, cap. 23 et 10.
[4] V. *ibid.*, t. 19, cap. 9.

L'opinion de M. Mittermaier nous paraît donc avoir peu de fondement.

Une question capitale, relativement à l'histoire des actions possessoires modernes, domine l'examen des décrétales relatives à la spoliation :

Quelle était la nature exacte du recours accordé au possesseur spolié? Était-il dispensé des conditions ordinaires de la possession juridique?

Nous n'avons vu jusqu'à présent, dans la législation canonique, qu'une modification peu profonde du droit romain relatif aux interdits *unde vi* et *uti possidetis*. Cependant les auteurs qui croient trouver dans le droit du moyen âge une action spéciale dispensée des conditions générales de la défense possessoire[1] la rattachent comme sanction à une règle fameuse du droit canon exprimée par cette formule : *Spoliatus ante omnia restituendus.*

Il nous est impossible de voir dans cette règle autre chose que la consécration de l'antériorité du possessoire sur le pétitoire, conformément à la doctrine de M. Troplong sur ce point[2].

Voici, à cet égard, suivant nous, le véritable sens des décrétales :

Les papes y établissent d'abord la règle que le spolié est dispensé de répondre à toute action, même pétitoire, avant d'avoir été rétabli dans la possession qui lui a été enlevée par violence. Telle est notamment la portée de la décrétale *Cum dilectus filius*, que nous avons trouvée citée dans les Établissements de saint Louis[3]. C'est une *exception* admise en faveur de ceux qui ont été dépossédés ; ce n'est point encore une véritable *action* possessoire produisant la restitution par une voie directe : *verum spoliatione in modum exceptionis tantùm probata, non est per hoc restitutio facienda*, est-il ajouté par le pontife Innocent III, auteur de cette décrétale.

Ailleurs, et par suite du même principe de l'antériorité rationnelle du possessoire sur le pétitoire, les papes règlent positivement l'effet de la demande en réintégration possessoire : ils déci-

---

[1] *V.* surtout Belime, n° 374, qui considère expressément la réintégrande comme autre chose qu'une action possessoire.

[2] *V.* Traité de la prescription, n° 297.

[3] *Decret. Greg.*, lib. 2, t. 10, cap. 2. *V.* aussi t. 13, cap. 10.

dent que lorsqu'elle est formée le défendeur ne peut y résister en portant la contestation sur le terrain du pétitoire, à moins que le spolié ne consente à l'y suivre. C'est ce qui est exprimé par la décrétale rendue en 1232 par Grégoire IX, et placée sous cette rubrique : « *Adversus restitutionem petentem, non est audiendus reus de proprietate opponens nisi actore consentiente* [1]. »

Plusieurs autres décrétales autorisent, il est vrai, le cumul du possessoire et du pétitoire, ainsi que nous l'avons dit plus haut.

Mais en examinant ces textes, on remarque tantôt le demandeur au pétitoire recourant lui-même au possessoire avant la conclusion du débat [2], tantôt le cumul supposé [3] ou autorisé de la part du juge [4] dans des termes si vagues, que ces décisions ne peuvent sérieusement contredire la disposition, d'ailleurs postérieure en date, du canon de Grégoire IX.

Une autre décrétale du même pontife établit encore que la demande en réintégration possessoire ne peut être combattue que par une exception de même nature, ce qui exclut toujours le cumul du pétitoire avec le possessoire, sauf le consentement du spolié [5].

Il est si loin du reste de la pensée du droit canonique d'établir au profit du spolié autre chose que l'action possessoire reproduite des traditions de l'*unde vi*, le *possessorium recuperandæ possessionis*, pour parler le langage des canonistes, que dans une autre décrétale nous trouvons formellement consacré le droit pour celui dont la possession a été usurpée à son insu, et qui a ainsi conservé la possession légale, de repousser l'intrusion par la violence. C'est ce qui est décidé dans la décrétale d'Innocent III, sous cette rubrique : « Ingressus possessionem » ignorante domino ad quem pertinet potest per ipsum dominum » statim cum sciverit, repelli etiam violenter ; nec ex tali repul-

---

[1] Lib. 2, t. 13, cap. 1.

[2] T. 12, cap. 5 : « Aliis possessoriis judiciis in suo robore duraturis, y est-il dit, quæ vindicationem dominii sua natura præcedunt. »

[3] T. 12, cap. 6.

[4] T. 12, cap. 2.

[5] T. 10, cap. 4 : « Agens possessorio recuperandæ non tenetur ante restitutionem suis spoliatoribus nisi super quæstione spoliationis, respondere : potest tamen ab agendo repelli per exceptionem spoliationis. »

» sione competit repulso contra dominum interdictum possesso-
» rium. »

M. Belime nous paraît avoir fait de vains efforts, dans sa controverse sur ce point avec M. Troplong [1], pour détourner l'interprétation de ce texte la plus naturelle. Raisonnant sur la glose du Palermitain, qui exige que ce droit de répulsion soit exercé *avant de divertir à d'autres actes*, il en conclut que l'usurpateur qui serait laissé en jouissance pendant un laps de temps moralement suffisant aurait la réintégrande. Nous disons, nous, que dans la pensée des canonistes il aurait la possession juridique et l'action possessoire comme corollaire, puisque dans le droit des décrétales aucune condition de durée annale n'est requise pour constituer la possession juridique.

L'exposé qui précède nous montre assez ce qu'était devenu le système de la défense possessoire dans le droit canonique. Il était presque en tout point conforme aux traditions du vieux droit romain, sauf l'extension de l'action contre les tiers, que nous avons vue plus haut, et la généralisation des interdits possessoires si variés, ramenés au nombre de deux moyens juridiques, le *possessorium recuperandæ* et le *possessorium retinendæ possessionis.*

L'influence qu'exerça le droit canonique sur le système possessoire dans l'ordre civil, se confond donc en grande partie avec celle qu'il faut attribuer à la renaissance du droit romain dans les écoles du moyen âge.

Ce fut plutôt dans l'ordre de la procédure que le droit canonique put avoir quelque influence sur le droit profane. Aussi le mot de *réintégrande* fut-il transplanté bientôt dans les cours séculières, et il y désigna en réalité la continuation de l'*unde vi*, transformé suivant l'esprit du droit moderne [2].

La doctrine du droit canonique perdit toutefois rapidement son importance en cette matière, par des causes particulières qui nous amèneront, dès ce moment, à jeter un regard sur les

---

[1] Traité de la possession, n° 373.

[2] Le droit ecclésiastique emprunta par réciprocité le mot de *recréance* à la législation civile. — *V.* à cet égard *Histoire de la possession*, par Alauzet, p. 252.

temps postérieurs à ceux auxquels la marche chronologique de notre sujet nous a jusqu'à présent conduits.

L'exception de spoliation, qui permettait d'arrêter par de nombreuses chicanes les actions les mieux fondées, fut restreinte au concile de Lyon, sous Grégoire X, en 1274, et disparut peu à peu en France [1].

Quant à l'action possessoire, les juges royaux l'attirèrent peu à peu devant eux, sans doute à cause de son intérêt pour le maintien de l'ordre public.

Cette évocation était déjà consommée lors de la curieuse ordonnance rendue par Louis X en 1315 [2].

Elle entraîna les conséquences les plus importantes relativement aux principes mêmes du possessoire, qui durent se plier à la jurisprudence des tribunaux royaux.

Saisis de la connaissance de l'instance sur la possession, tandis que le pétitoire restait réservé aux juges ecclésiastiques, ces tribunaux cherchèrent à absorber autant que possible dans leur compétence cette seconde partie de la juridiction [3].

---

[1] Fleury, *ibid.*

[2] Art. 12 et 22.

[3] Fleury raconte ainsi qu'il suit ces empiétements des tribunaux laïques en matière bénéficiale (part. 3, chap. 5) :

« Cette entremise des juges laïques était raisonnable, dit-il, tant qu'ils se contentaient d'une connaissance sommaire du droit des parties, pour donner à celui qui avait le droit le plus apparent la simple possession de fait, et le défendre seulement de la violence de l'autre, sans entrer en aucune connaissance du fond ; mais ils n'en sont pas demeurés là : il ne peut, disent-ils, y avoir de juste possession sans titre en matière bénéficiale ; ce n'est pas comme un bien profane qui peut être abandonné par le propriétaire et acquis par le premier occupant. Il faut donc, avant de juger le possessoire, examiner les titres et les capacités. On appelle titres les actes qui donnent droit aux bénéfices, comme les lettres de provision ou de visa, l'acte de prise de possession ; on appelle capacités les actes qui prouvent les qualités de la personne, comme l'extrait baptistaire, les lettres de tonsure, d'ordre, de doctorat ; et comme cet examen est souvent long, et qu'il est nécessaire d'établir d'abord les qualités des parties et de savoir qui est le demandeur et le défendeur, on a distingué deux sortes de possession : la possession provisionnelle ou recréance, qui sert pendant le cours du procès, et la possession définitive ou pleine maintenue.

» Après que le juge laïque a prononcé définitivement sur le possessoire, il devrait, suivant l'ordonnance, renvoyer les parties pour le pétitoire par-devant le juge d'Église ; mais dans la pratique on ne le fait plus, parce que, comme sous prétexte du possessoire, on a examiné la matière dans le fond et souvent en deux ou trois degrés de juridiction, il semble inutile et même onéreux aux parties de les engager dans un nouveau procès pour le jugement du même différend. Quoi qu'il en soit, on ne souffre plus que les parties se poursuivent devant le juge d'É-

Plus tard, on introduisit même dans le droit canonique la règle civile de la possession annale. Fleury paraît la considérer non comme une condition absolue de la complainte, mais comme nécessaire pour rendre la possession provisoirement assurée [1]. Il nous fait connaître en même temps cette introduction dans le droit canon de la possession annale, qu'il rattache à une règle d'Innocent X au XVIIe siècle, et l'établissement d'une prescription de trois ans particulière aux matières bénéficiales.

« Il n'y a point, dit-il, de possession légitime d'un bénéfice sans titre ; ce n'est pas comme un bien profane qui est au premier occupant quand personne ne le réclame, et qui peut être acquis par prescription ; mais en matière bénéficiale un titre apparent suffit, et quelquefois on prend possession sans avoir le titre en main, car en France on se contente du certificat du banquier, qui témoigne que les provisions sont expédiées en cour de Rome, quoiqu'elles ne soient pas arrivées.

» La prise de possession donne aussitôt droit de former complainte, si l'on y est troublé. La possession annale donne droit au possessoire, c'est-à-dire que celui qui a possédé par an et jour doit demeurer en possession jusqu'à ce que le possessoire soit jugé, puisque l'on ne reçoit point de complainte après l'an : c'est le fondement de la règle de chancellerie *de annali possessore*. (Reg. 35. Innocent X.)

» La possession triennale fait que le possesseur ne peut plus être inquiété, même au pétitoire ; c'est la prescription légitime en matière de bénéfices, fondée sur le décret *De pacificis*, qui du concile de Bâle a passé dans la pragmatique et dans le concordat, et a fait la règle *de triennali possessore*. La possession, pour avoir ces effets, doit être fondée sur un titre coloré, c'est-

glise, pour le pétitoire des bénéfices ; et s'il rendait quelque jugement ou quelque ordonnance en cette matière, les gens du roi en appelleraient comme d'abus. »

[1] Lucet dit à cet égard dans ses *Principes du droit canonique :* « Lorsqu'un bénéficier a possédé par an et jour paisiblement, c'est-à-dire sans contestation sur le titre de son bénéfice, il ne peut plus être impétré en cour de Rome par qui que ce soit, excepté par celui que le possesseur aurait dépouillé. Il peut aussi être conféré par l'ordinaire, parce que celui-ci a le droit d'ôter les bénéfices à tous ceux qui possèdent sans titre légitime, quand même il posséderaient depuis trois ans. »

Dans la complainte en matière bénéficiale dont parle Pasquier (Instit. de Justinien, l. 4, c. 9), l'an et jour paraît déjà jouer un certain rôle.

à-dire donné par celui qui a puissance, et sans vice apparent. La possession doit, de plus, être continue en la même personne, car celle du prédécesseur ne sert de rien. Elle doit être paisible sans qu'il y ait d'interruption judiciaire, par contestation en cause, si ce n'est que le contendant ait été empêché d'agir par force majeure [1]. »

Nous ne nous sommes livré à cette longue citation que pour laisser apercevoir la physionomie complète des conséquences définitivement attachées à la possession par le droit canonique ; approfondir un pareil sujet serait sortir d'un cadre qui renferme spécialement l'étude du droit civil de la possession, et dans lequel nous n'avons introduit la législation canonique qu'en tant qu'elle a pu réagir sur la législation civile, et seulement pour donner à notre travail la largeur complète de son horizon.

Revenons donc aux sources du droit coutumier, et recherchons comment le système possessoire participa à ce mouvement d'expansion qui fit du XIIIe siècle une ère si remarquable à tant de titres pour l'histoire de nos institutions civiles.

______

[1] Fleury, part. 1, ch. 22.

CHAPITRE VIII.

Développement du système possessoire en France à la fin du XIIIe siècle.

L'époque qui a servi de terme chronologique à notre avant-dernier chapitre nous a montré le droit coutumier français relatif à la dépossession commençant à se développer avec originalité entre la législation canonique florissante et le droit romain qui semblait renaître après un long oubli.

·Dans les divers documents qui nous montrent l'état exact du système possessoire consacré en France, avant la fin du XIIIe siècle, nous avons trouvé l'action de *nouvelle dessaisine* ainsi que le cas de force qui s'y rattache réglés en dehors de toute condition relative à la durée de la possession qu'il s'agissait de défendre.

Jusqu'alors, autant qu'il est permis de le supposer, la pratique de l'ensaisinement féodal était générale, et dès qu'elle était accomplie le droit d'exercer l'action de nouvelle dessaisine était acquis au détenteur dépouillé, n'eût-il possédé que pendant quelques instants.

L'usage des formalités de la saisine et leur importance pour l'acquisition de la propriété ainsi que de la possession rendaient sans doute l'action de dessaisine d'un intérêt dominant dans l'usage ; ils n'avaient point cependant pour résultat absolu d'interdire les débats sur la propriété en subordonnant tous les droits à la simple condition dûment établie d'un ensaisinement régulier.

L'investiture du seigneur n'était donnée que *sauf tous droits*, ainsi que nous l'avons vu plus haut [1], c'est-à-dire que cette formalité créait un ordre de préférence entre divers acheteurs d'un

---

[1] **Texte du coutumier d'Artois.**

même vendeur légitime, mais sans exclure les contestations fondées sur le défaut de droit dans la personne du vendeur.

Dans la sphère du débat pétitoire, la prescription avait donc à jouer son rôle et il est probable que sur plusieurs points celle fondée sur l'annalité combinée peut être avec la formalité de saisine était généralement en vigueur.

A l'époque que nos recherches ont atteinte, sous l'influence des traditions romaines renaissantes et des enseignements du droit canonique, le système de la défense possessoire acquit un développement marqué.

Peu d'années séparent la rédaction du conseil de P. Defontaines et des établissements de St-Louis de celle du livre de Philippe de Beaumanoir, ce dernier jurisconsulte mort, on le sait, vers la fin du XIIIe siècle.

Ce laps de temps si court a suffi pour réaliser, ou du moins pour manifester des progrès rapides dans cette branche du droit.

Les actions possessoires se montrent en effet dans la *coutume de Beauvoisis*, sous un jour nouveau et avec une sorte de maturité qui présente un contraste frappant avec les dispositions rares et laconiques que nous avons été réduits jusqu'ici à glaner, après l'oubli des siècles, dans l'époque la plus obscure du moyen âge.

On sent en parcourant le livre de Beaumanoir que le règne d'un souverain chrétiennement civilisateur vient de passer sur la France et que d'un autre côté l'empire d'un droit rationnel et savant va succéder aux pratiques confuses d'une époque barbare.

Plusieurs innovations éclatent dans le système des actions possessoires, tel qu'il est réglé par la *coutume de Beauvoisis*.

Il n'avait guère été question dans les monuments antérieurs que de la *force* et de la *dessaisine* [1].

Beaumanoir constate l'existence de trois genres d'attaques à la possession qui donnent lieu à autant de moyens de répression correspondants.

« Après ce que nous avons parlé de plusors meffès et des cas

____
[1] *V.* toutefois la décision de 1277, citée *infrà.*

de crieme et d'autres et de la vengeance qui appartient à cascun meffet, il est bon que noz parlons en cest capitre d'autres manières de meffès, sor les quix li rois a establi novele voie de justicier et novele vengance contre cix qui les font et cil meffet de quoi volons traitier sunt divisé en trois manières, c'est à savoir : force novele, dessaisine et nouvel tourble [1]. »

La *nouvelle dessaisine* et la *force* nous avaient déjà apparu dans les assises de Jérusalem comme dans le *conseil* de Pierre Defontaines et nous sommes bien loin de pouvoir accepter l'assertion de Beaumanoir lorsqu'il dit ailleurs : « Noveles dessaisines sont de nouvel établissement, si doit on sivir l'établissement en fere sa demande [2]. »

Le jurisconsulte confondait sans doute ici *l'établissement* avec le *règlement* et commettait la même erreur que celle où tombait plus tard l'auteur du *grand Coutumier*, lorsqu'ignorant les écrits de Beaumanoir lui-même, il attribuait à Simon de Bucy l'institution du cas de nouvelleté.

La nouvelle dessaisine et la force sont d'ailleurs assez intimement unies et Beaumanoir considérant l'une comme une simple circonstance aggravante de l'autre, les rapproche en disant : « Vos poes savoir que nule tex force n'est sans novele dessaisine, mais novele dessaisine est bien sans force, si comme il est dit dessus [3]. »

Mais l'élément nouveau dans la classification de Beaumanoir, celui qui manifeste tout à la fois le réveil des traditions romaines, et le développement du besoin de sécurité et de défense possessoire dans l'ordre social, c'est le cas de *nouvel tourble*.

L'interdit *uti possidetis*, qui a disparu à nos yeux au moins en tant qu'action possessoire distincte, dans le cataclysme législatif des premiers siècles de notre âge se représente ainsi dans la coutume de Beauvoisis, nettement distingué des autres actions possessoires qui continuent plus spécialement l'*unde vi* des jurisconsultes de Rome.

---

[1] Coutume de Beauvoisis, ch. 32, § 1.

[2] *Ibid.*, ch. 6, § 10.

[3] Ch. 32, § 2.—Suivant l'ancienne coutume d'Anjou dont parle Laurière sur Ragueau, v° *Appligement*, la force et la dessaisine ne constituent qu'un seul et même cas.

La tradition féodale et la tradition romaine viennent donc se rapprocher ici comme deux fleuves, qui désormais, vont couler ensemble, sans toutefois confondre complétement leurs eaux.

« Nouviax torbles, dit Beaumanoir, si est se j'ai esté en saisine an et jor d'une coze pesivlement et on le m'empeeque, si que je ne puis pas goïr en autele manière comme je fesoie devant, tout soit ce que cil qui m'empeeque m'emport pas le coze. Aussi comme s'on oste mes vendengeurs ou mes ouvriers d'une vigne ou d'une terre dont j'arai esté en saisine *an et jor* ou en asses d'autres cas sanllavles : ce sont nouvel torble et je me puis plaindre et ai bone action de moi plaindre, si que le coze me soit mise arrière en pesivle estat[1]. »

Ainsi le système de la défense possessoire a reçu dans les coutumes de Beauvoisis un complément remarquable. Le droit coutumier français n'a plus rien à envier sous ce rapport à l'étendue du système romain. Les actions possessoires sont arrivées à l'ère de leur rayonnement complet, de leur véritable maturité.

Mais en même temps que nous voyons reparaître dans la coutume de Beauvoisis un élément considérable de la tradition romaine, nous y trouvons aussi le fruit de la tradition féodale tel que nous l'avons conçu plus haut, la saisine d'an et jour, complétement transformée et mêlée désormais étroitement au système possessoire.

Il est vrai que dans le temps antérieur à la rédaction du livre de Beaumanoir on remarque déjà quelques traces de l'an et jour appliqué aux matières possessoires.

Le texte le plus ancien qui ait été cité sous ce rapport est extrait d'une ordonnance de Philippe Auguste concernant les croisés et applicable dans les domaines du roi.

L'article 11 de cette ordonnance est ainsi conçu :

« Nullus cruce signatus tenetur respondere in foro seculari sed
» in ecclesiastico, exceptis feudis et censivis, de quibus litiga-
» bunt coram dominis feodorum et censivarum de possessione
» quam pacifice tenuerint per diem et annum, donec perfecerit
» peregrinationem. »

[1] Ch. 32, § 3.

Laurière et après lui M. Isambert considèrent ce texte comme s'appliquant aux complaintes, et montrant que dès cette époque ce genre d'actions était réservé ordinairement à la connaissance des juges laïcs.

Mais j'avoue que j'ai peine à comprendre ce texte, du reste fort ambigu, dans le même sens que ces savants interprètes.

En comparant cet article aux autres dispositions de la même ordonnance qui ont pour résultat de diviser la compétence sur les procès intéressant les croisés et de leur réserver le privilége de la juridiction ecclésiastique dans plusieurs cas, on remarque que les articles 6, 9 et 10 ont déterminé la compétence relativement aux contestations criminelles, féodales et mobilières, dans lesquelles les croisés sont intéressés. Il reste évidemment à régler ensuite le sort des actions immobilières les concernant.

Or pourrait-on comprendre qu'une aussi vaste lacune eût été raisonnablement comblée par une disposition réservant la compétence ecclésiastique aux croisés pour les débats les moins importants, c'est-à-dire les débats purement possessoires?

La pensée du législateur dans une disposition tellement importante, qu'il lui paraît nécessaire d'y intercaler par voie de rappel l'exception déjà prononcée pour les matières féodales nous paraît avoir été plus étendue, et nous pensons que le rédacteur de l'Établissement a voulu ici désigner les contestations ayant pour objet la propriété immobilière en général, contestations qu'il a désignées par leur *criterium* habituel, c'est-à-dire la possession annale ayant encore à cette époque ce qu'on nous permettra d'appeler la *force prescriptive*, et servant de titre ordinaire à la propriété dans un temps où l'écriture était rarement appelée à fixer les droits privés.

M. Giraud, dans sa *Thèse de Doctorat* concernant les actions possessoires et soutenue en 1830, a interprété un peu différemment ce passage de l'ordonnance de Philippe-Auguste. Il y voit en effet la prescription annale indiquée, et sous ce rapport nous sommes heureux de trouver notre opinion d'accord avec la sienne; mais il regarde en même temps cette disposition de l'ordonnance comme destinée à faire cesser l'hésitation de la jurisprudence sur le point de savoir si la prescription d'an et jour était suspendue par l'absence.

Nous ferons observer à ce dernier égard d'abord que cette cause de suspension était déjà consacrée dans presque toutes les chartes locales consacrant la prescription annale, que nous avons énumérées plus haut[1], et qu'on peut donc la considérer comme inhérente à l'existence même de cette prescription, soit dans son énergie primitive, soit même alors qu'elle ne produirait plus que des effets secondaires[2].

D'un autre côté, l'ordonnance ne nous paraît point avoir pour but au moins principal d'accorder une suspension de droit ni d'action, mais seulement une simple interruption de la compétence séculière.

Si l'on étudie les *Olim*, vaste recueil dont les témoignages s'appliquent à la fois aux XIII° et XIV° siècles, on est frappé de ce fait que le possessoire et le pétitoire, la saisine et la propriété y sont évidemment distingués, mais les délais de possession relatifs à chacun de ces droits ne le sont pas au même degré. Tout ce qui touche la durée de temps nécessaire pour fonder la possession légale est notamment entouré d'une grande obscurité.

Le plus souvent la question de saisine est posée sans indication de durée ou avec l'énonciation d'une durée plus longue que celle d'une année; quelquefois on *interloque*, pour parler le langage du barreau, la question de savoir si la saisine est d'un an ou de plusieurs (t. Ier, p. 98), ou bien l'arrêt décide que la saisine de l'une des parties a paru mieux prouvée que celle de l'autre (t. I, p. 352), sans préciser aucun délai pour sa durée, comme si les juges eussent été investis d'un droit d'appréciation souverain pour déterminer l'assiette de la possession; on voit même en général que dans la procédure de cette époque la distinction du possessoire et du pétitoire était dans le jugement plutôt que dans l'action même, dont le cercle était souvent illimité et con-

---

[1] Ch. 4.

[2] *V.* le chapitre 156 des Établissements de saint Louis relativement à la suspension, au profit des absents, de la prescription du retrait lignager.

fondait la prescription et la possession [1] sous une même expression [2].

Cependant on y trouve déjà quelques traces de l'annalité de possession considérée comme condition de la saisine. Par exemple, dans un arrêt de 1266 [3], l'une des parties allègue que la saisine dont excipe son adversaire n'a pas une année de durée, mais dix jours seulement. La décision ne paraît pas, du reste, fondée sur cette circonstance.

Ailleurs, et en 1272, on motive une décision possessoire en faveur d'une veuve plaidant contre l'héritière de son mari, en se fondant sur une possession presque annale enlevée par violence. « Inventum est quod dicta domina post mortem dicti viri sui primò intravit et habuit possessionem castri de Rolleboise et pertinenciarum ejus ferè per annum antequam dicte domicella; pronunciatum fuit quod dicte domine restituatur saisina sua de qua fuerat per dictam domicellam violenter ejecta [4]. »

Cet arrêt est fort remarquable par la transaction qu'il semble manifester entre le pouvoir appréciateur du juge et l'influence du terme de l'annalité qui pesait sur son esprit. Cependant la pratique de la Normandie était plus avancée dans cette ligne indépendante d'idées, et avait modifié assez gravement la tradition de l'*an* et *jour;* nous avons déjà constaté en effet la mention de la possession du *dernier* ou de *l'avant-dernier aost* [1], dans les usages du XIII<e> siècle retracés par les établissements et coutumes de cette province.

On considérait ainsi, dans ce pays éminemment juridique,

---

[1] Le Tout de Saint-Dizier, art. 25, appelle aussi la prescription du simple nom de possession, lorsqu'il parle de trente ans et trente jours exigés pour acquérir *possession sans lettres.*

[2] Par exemple dans un arrêt de 1299, rapporté dans le tome III des *Olim*, p. 19, le demandeur allègue qu'il est en possession de bois tenus en garenne depuis dix, vingt, trente et quarante ans, et il est maintenu en saisine de son droit de garenne. Ailleurs, un usage immémorial était invoqué (t. I, p. 92) comme base de la saisine d'un droit de navigation, ou bien un évêque chasseur alléguait la possession « per longum tempus et per tantum temporis quod sufficit ad bonam saisinam acquirendam venandi in bosco de S. Clodoaldo. » (T. II, p. 313.)

[3] T. I, p. 231.

[4] T. I, p. 398. — Dans un autre arrêt de 1259 (t. I, p. 452), un procès analogue paraît résolu d'une manière opposée, par suite de la maxime *le mort saisit le vif* et de l'influence du titre de l'héritier.

[5] *V.* ci-dessus, ch. 6.

moins la possession de l'année antérieure au trouble ou la durée de la possession que son existence au moment de la moisson et à l'époque de l'année la plus importante et la plus caractéristique sous le rapport usufructuaire [1]. Cet usage est d'autant plus remarquable que le terme d'an et jour jouait du reste un grand rôle dans les établissements et coutumes de Normandie (*V.* par exemple, dans ce livre, le ch. de *Ceux qui sont dedanz aage*).

C'est donc, en définitive, dans le livre de Beaumanoir que nous trouvons pour la première fois la condition d'annalité nettement et généralement posée.

Le passage que nous avons cité plus haut est parfaitement explicite pour ce qui concerne l'action de *nouveau trouble*, restauration véritable de l'interdit *uti possidetis*, soumis toutefois à cette condition de la possession annale comme l'action de nouvelle dessaisine et même suivant toutes les apparences celle de force. « Nouvelle dessaisine, dit-il, si est s'aucuns emporte le coze de lequele j'aurai esté en saisine an et jor pesivlement. Por ce se je tieng le coze ou voil exploitier de lequele j'aurai esté an et jor en saisine pesivlement et on le m'oste de ma main ou de la main à mon commandement, ou on me veut oster me coze à grant plenté de gent ou à armes, si que je n'i oze estre por

---

[1] Le grand coutumier de Normandie (ch. 93) mentionnait comme le document ci-dessus la possession du *derrenier aost*. Voici ce qu'on y lit : « Des terres de quoy le fruit fut cueilly en aoust l'en faict le recongnoissant du dernier aoust devant cestuy, pour ce que cil en est dessaisi en cestuy qui en fut saisi en l'autre, ou puisque la saisine des fruictz est cueillie en aoust ; ainsi est-il des herbages et des pasturages. Des rentes doibst le recongnoissant estre faict du dernier terme à quoy les rentes sont deues devant cestuy en quoi la dessaisine est faicte quand la rente est contretenue ; si comme le terme de payer la rente fut à Noël, l'enqueste doibt être faite par le brief du dernier Noël devant cestuy ; et ainsi doibt l'en entendre de tous les aultres termes. L'en doibt sçavoir que unes saisines sont renouvellées tous les ans et sont appelées annuelles, si comme des terres qui sont cultivées d'an en an et des rentes qui chacun an en sont rendues. Les aultres sont plus tardives ; si comme les aides qui sont payés de tiers en tiers, ou de quoy enqueste doibt estre faicte, sçavoir se cil qui se plaint de nouvelle dessaisine en fut saisi au dernier terme devant cestuy que elle fut cueillie ; ainsi est-il des pasnages faisances et de services qui ne viennent pas de an en an, mais de adventure ou de grâce. »

La possession du dernier aost finit par se confondre avec la possession annale, avec laquelle elle avait tant de rapports. Dans l'*Introduction à la pratique judiciaire pour les siéges subalternes de Normandie*, par Bertin (Caen, 1668), on voit qu'il est toujours question de la possession de la dernière année dans les chapitres consacrés au *Haro*, à la *Maintenue* et au *Bref de nouvelle dessaisine*.

peur de mort, en tel cas ai-je bonne action de moi plaindre de *force* ou de *novele dessaisine* [1]. »

Ailleurs Beaumanoir donne aussi la formule du claim de dessaisine en ces termes :

« Sire, veschi Pierres qui m'a dessaisi de novel de tele coze et le doit nommer de lequele j'avois été en saisine pesible an et jor ; s'il le connoist, je requier à être resaisis ; s'il le nie, je l'offre à prouver [2]. »

Cependant d'autres passages du livre de Beaumanoir ne paraissent point au premier abord d'accord avec ceux qui précèdent, quant à la nécessité de la condition d'an et jour.

« En aucun cas, dit notre jurisconsulte, me puis-je bien plaindre de novele dessaisine, tout soit ce que je n'aie pas esté en saisine de le coze dont je me plains an et jor ; si comme je sui en saizine d'un queval ou d'une autre beste ou de denier ou de meuble quel qu'il soit ou d'aucune despuelle que j'ai gaigniée et labourée en mon nom, sans auctorité d'autrui ; se on m'oste aucune de ces cozes et je le requier, je doi estre resaisis et quiet cil en amende ; mes, moi ressaisi, se cil qui le m'oste prueve le coze à soie il le r'aura. Et par ce pot on entendre c'on pot bien estre resaisis de tel coze par coustume c'on en porteroit après le hart, si comme s'on avait le coze dont on serait resaisis mal tolue ou emblée et il est prové clerement [3]. »

M. Troplong [4] a vu dans ce passage la supposition d'une violence qui motiverait spécialement l'admission du claim de nouvelle dessaisine, sans possession annale.

Nous y reconnaissons plutôt d'une part ce principe que la possession annale n'est pas requise en matière de spoliations mobilières, et d'autre part la consécration du droit d'action pétitoire succédant au jugement possessoire. Beaumanoir savait très-bien distinguer, dans son langage, la *force* de la *nouvelle dessaisine*, comme nous l'avons vu plus haut, et nous ne trouvons pas qu'il fasse la moindre allusion dans ce passage à une distinction de cette nature.

[1] Ch. 32, § 2.
[2] Ch. 32, § 4.
[3] Ch. 32, § 15.
[4] Prescription, n° 296.

Un autre texte, du même auteur, est d'une interprétation jusqu'à un certain point plus délicate et plus obscure :

« Pierre estait entrés en une tere el mois de mars et le fist areer et semer pesivlement et quand vint à l'aoust et il quida l'aveine soier et tout présentement la terre despouiller de cette année et y estaient si ovrier jà dedens pour queillir les biens, adont vint Jehans et en osta les ouvriers dudit Pierres et contre son gré, et y mist les siens ouvriers et emporta que lui que sa mesnie, l'aveine. Adont fist Pierres ajorner Jehan sor novele dessaisine, et quant il vinrent en cort, Pierres requist à estre restablis de l'aveine que Jehans en avoit emporté, lequele il avoit arrée et semée et laborée pesivlement, et il y était entrés pesivlement [1]. »

Que répondit Jehan? Il opposa tout à la fois sa propriété et le défaut de saisine annale de la part du demandeur. Et néanmoins, « il fu jugié que Pierres serait ressaisis et restablis de l'aveine, lequele il avoit laborée pesivlement, tout n'eust-il pas été en saisine an et jor. »

Cette décision se fondait sans doute soit sur la nature de la récolte considérée comme mobilière, quoique pendante encore par racines, soit sur cette circonstance que la possession de la récolte était aussi ancienne que son existence même et par conséquent la plus longue qu'il fût possible d'exiger relativement à cet objet spécial.

Ce qu'il y a de remarquable, dans le passage de Beaumanoir, à ce sujet, c'est qu'il nous montre une seconde contestation possessoire entée sur la précédente

« Quant Jehan eut resaisi de *l'aveine* dessus dite et aempli le jugement, il fit Pierre ajorner, qui resaisis estait, sor novele dessaisine et proposa contre li, qu'à tort et sans cause estait entrés en la saisine, et en la possession de son *héritage*, et sans saisine de seigneur et de novel puis un an et un jor, pourquoi il requerait que cele saisine fust ostée à Pierre et baillée à Jehan, comme à celi qui avoit esté en le derreine saisine de un an et un jor, et jusqu'au jor qu'il entra en terre por laborer et semer. A ce

---

respondi Pierres, qu'il avoit pledié audit Jehan de cele meisme coze et sor novele dessaisine, et li avoit esté livrée la saisine par jugement, par quoi il ne voloit estre tenus à nule resaisine fere ne à répondre, se n'estoit au plet de la propriété, quant il serait sor la propriété ajornés et sor ce se mirent en droit. Il fu jugié que Pierres respondroit au claim que Jehans avoit fet contreli; car por ce se Pierres avoit été *resaisis de ce dont il avoit esté trovés en saisine*, et il n'avoit maintenu le saisine d'un an et un jor entièrement, ne demore pas que Jehans, qui maintenoit sa saisine d'un an et un jor entièrement, ne se peust plaindre de novele dessaisine de Pierres qui derrainement estoit en le saisine entrés et n'i avoit pas esté an et jor. »

M. Troplong a vu, dans ce texte, la complainte servant en quelque sorte de revanche après le jugement de la réintégrande. Ce passage ainsi compris attesterait une énergie singulière de la possession annale qui eût pu donner lieu dans certains cas à une instance intermédiaire entre le possessoire au premier degré et le pétitoire. Toutefois Beaumanoir donne deux raisons à l'appui de la décision qui admet cette sorte d'action récursoire. Le motif tiré de la possession annale opposée à celle de moindre durée répond à l'interprétation de M. Troplong. Mais l'autre raison, à savoir que « Pierres avoit été resaisis de *ce dont il avoit été trovés* » *en saisine* », indique que la distinction entre la récolte même et le sol auquel elle était attachée contribuait aussi à motiver la décision. N'en était-elle même pas la seule cause logique et efficace? Nous serions portés à le penser, malgré le caractère équivoque du texte de Beaumanoir.

Depuis la consécration si formelle faite par ce jurisconsulte de la condition de l'annalité comme base des actions possessoires, sans autre restriction que celle qui paraît relative à la nature mobilière des choses qui en seraient l'objet, on peut affirmer que ce principe n'a jamais été ébranlé dans la France coutumière et s'y est peu à peu étendu depuis l'extrémité de l'Armorique jusqu'au pied des Pyrénées [1].

---

[1] *V.* très-ancienne coutume de Bretagne, art. 37; Labour, art. 1, tit. 16; Sole, art. 1, tit. 30. — Mazuer faisait de la possession triennale une condition de l'*uti possidetis* : « Requiritur quod actor habeat et probet se habere possessionem

Non-seulement la possession annale sert de base fondamentale à toutes les actions possessoires; au moins à celle de nouvelle dessaisine et de nouveau trouble, dans le livre de Beaumanoir, mais encore les divers cas possessoires, distingués par ce jurisconsulte, sont unis par lui dans une loi de déchéance commune.

« Qui se veut plaindre de force de novele dessaisine ou de nouvel torble, il s'en doit plaindre avant que li ans et li jor soit passés puis le dessaisine et s'il lait l'an et le jor passer, l'action qu'il avoit de novele dessaisine est anéantie et ne pot mes pledier fors sor le propriété [1]. »

Cette déchéance de l'action possessoire après l'an et jour a un certain rapport avec la condition de possession annale; cependant elle n'en est pas une conséquence rigoureuse : la déchéance peut se produire en effet lors même que la possession ayant plusieurs fois changé de mains, la saisine annale n'aurait été encore acquise à personne.

Bourjon a eu plutôt raison de voir à l'inverse dans la saisine d'an et jour une conséquence de la durée annale des actions possessoires, en ce sens qu'avant l'année de possession, l'action appartiendrait au dernier possesseur et non au possesseur actuel [2].

Il est certain du reste que les jurisconsultes du moyen âge rapprochèrent souvent ces deux délais destinés l'un à asseoir, l'autre à périmer l'action possessoire.

Si, après avoir considéré le système de la défense possessoire à la fin du XIIIe siècle, nous recherchons la cause des développements remarquables de cette partie du droit manifestés dans la *coutume de Beauvoisis*, c'est tout à la fois dans les traditions du droit féodal et surtout dans la renaissance européenne du droit romain quelque temps auparavant que nous devons la trouver.

rei contentiosæ per ultimos annatas vel ultimos expletus, et possunt dici ultimæ annatæ tres ultimò elapsæ juxta clement unicam de sequestr. alias reo etiam nihil probanti esset adjudicanda possessio. »

Il est évident que ce jurisconsulte faisait ici un emprunt à des principes canoniques transportés dans le droit civil.

Brodeau paraît avoir accepté une partie de la doctrine de Mazuer, lorsqu'il dit que le demandeur en complainte doit justifier *sa possession annale ou triennale par les derniers exploits.*

[1] Chap. 32, §§ 9 et 25.

[2] Droit commun de la France, l. 6, t. III, chap. 3, n° 11.

Cette dernière origine est évidente pour l'établissement de l'action de nouveau trouble, traduction non équivoque de l'interdit *uti possidetis* [1]; elle l'est aussi pour ce qui concerne la déchéance du droit d'exercer les actions possessoires après le délai d'un an, disposition qui se retrouvait en partie dans le droit romain.

Quant à ce qui concerne le transport du principe de la possession annale, de la sphère du pétitoire dans celle des actions possessoires fondées sur la saisine, c'est là encore une transformation à laquelle la renaissance du droit romain ne nous paraît point complétement étrangère.

En traitant de la saisine, nous avons vu plus haut qu'une certaine condition de durée dans la possession avait dû être requise par suite des principes féodaux pour remplacer les formalités de l'investiture du seigneur.

Si la prescription annale que nous avons trouvée dans divers monuments du XIIe siècle était restée en vigueur, il nous paraît évident qu'un terme moins long que l'an et jour aurait dû suffire en même temps pour consacrer légalement la simple possession.

Mais dans le cours du XIIIe siècle la prescription annale fut réprouvée par les usages judiciaires régénérés au contact des traditions romaines. On la remplaça par les prescriptions décennale et trentenaire qu'on trouvait établies dans les monuments du droit romain et qui supposaient une consécration plus puissante, une assiette plus solide du droit de propriété.

On eût pu concevoir à la rigueur dès lors que la possession annale eût disparu complétement de la sphère du droit.

Mais une législation coutumière, comme celle du moyen âge,

---

[1] On voit quelques-uns de nos anciens auteurs, entraînés par le désir de retrouver dans le droit français les trois genres d'interdits *adipiscendæ*, *recuperandæ et retinendæ possessionis*, considérer comme une action possessoire correspondant à la première de ces catégories l'action de l'héritier réclamant la saisine du chef de son auteur. C'est le cas de nouvelle *escheoite* dont parle Laurière, sur Ragueau, d'après l'ancienne coutume d'Anjou (v° *Applégement*). *V.* aussi l. 2, chap. 4, des Établissements de saint Louis.

Le Brun de la Rochette, dans son ouvrage intitulé *Les procès civil et criminel* (Lyon, 1628), appelle cette action de l'héritier saisi de plein droit, *action de pleine maintenue*.

Dumoulin, parlant des trois interdits *adipiscendæ*, *recuperandæ et retinendæ possessionis*, disait : « Quarum duæ ultimæ frequentari solent apud nos et præsertim retinendæ. » Sur le § 20, t. IV, de la coutume de Paris.

ne connaît guère ces abrogations expresses, ces réformes systématiques, qui appartiennent aux législations positives et écrites. Un principe s'y efface lentement, s'y transforme ou s'y dénature plutôt que d'y être aboli sans laisser de vestiges.

On sait, par exemple, combien chez le peuple anglais, dont la législation est restée en partie coutumière, les usages les plus surannés ont résisté longtemps aux corrosions du temps comme aux progrès de la civilisation et se conservent encore vivants dans les institutions de cette île qu'on a appelée avec raison l'Herculanum de la féodalité.

Il peut arriver ainsi dans les législations fondées sur la coutume ce que l'on constate souvent pour l'histoire du droit romain par suite de l'antagonisme entre le droit civil et le droit prétorien, à savoir que les principes anciens de la législation sont réduits à un rang secondaire ou purement historique à côté des principes nouveaux qui les étendent ou les détruisent.

Quelque chose de pareil nous semble avoir eu lieu lorsque la possession annale cessa de produire une prescription absolue en matière d'immeubles.

Le droit qu'elle réalisait antérieurement dut céder aux yeux des jurisconsultes imbus des traditions romaines, devant les titres de propriété qui pouvaient lui être opposés.

Mais si la discussion de ces titres ou de ces preuves entraînait des lenteurs, s'il fallait statuer préalablement sur la possession, n'était-il pas naturel que dans la pratique coutumière la possession annale produisît provisoirement un effet analogue à son résultat autrefois définitif, et que le possesseur annal fût maintenu dans la jouissance de la chose qui lui était contestée et qui était ou pouvait être ultérieurement l'objet d'un débat pétitoire [1] ?

---

[1] Il semble qu'un effet analogue et pareillement amoindri de la possession annale se trouve dans les *Petri exceptiones*, monument du droit du XI° siècle. Le droit romain L. 2, Pr., L. 5, § 3, Dig. *Quibus ex causis impossess.* et nov. 53, cap. 4, autorisait l'envoi en possession des biens du défendeur contumace ; mais, d'après les mêmes textes, l'envoi en possession devait cesser dès que le contumace se présentait et venait défendre sa cause.

On avait établi dans la pratique constatée par le *Petrus*, qu'après le délai d'un an l'envoi en possession devenait définitif jusqu'à la fin du procès : « Si reus intra annum redierit utilem cautionemque suscipiendæ litis dederit, possessionem recuperet posteaque justiciam faciat. Post annum verò actor possideat donec judicium finem accipiat. » Cap. 16, *De his qui ante judicem venire volunt*.

Lorsqu'il s'agissait en même temps de déterminer les délais qui remplaceraient l'ensaisinement du seigneur, n'était-il pas naturel encore qu'en regard de la décennalité exigée pour consommer le transfert de la propriété sur le modèle de la prescription romaine, on appliquât le délai d'un an pour consommer seulement la mutation moins grave de la possession ? L'annalité possessoire absorba donc la prescription annale, comme la propriété bonitaire, pour rappeler une analogie très-éloignée, absorba à Rome la propriété quiritaire qui lui avait probablement servi sous quelques rapports de type primitif.

L'établissement de la condition d'annalité comme fondement de la possession juridique renferma d'un autre côté pour les praticiens une règle simple et commode qui permettait d'éluder les difficultés de fait naissant du système du droit romain relativement à la translation de la possession. Suivant les jurisconsultes romains, en effet, la transmission de la possession exigeant le concours du fait matériel du nouveau possesseur avec le consentement au moins tacite du précédent, il pouvait arriver, suivant les cas, ou qu'un nouveau détenteur fût saisi de la possession au moment même de l'entrée sur le fond, ou qu'au contraire, si le précédent possesseur était absent, celui-ci pût, même après un long temps, être considéré comme retenant encore la possession *animo solo*[1].

Au lieu de cela, la possession annale *paisible*, suivant le langage de Philippe de Beaumanoir, conservée *nec vi nec clam, nec precario* suivant les termes empruntés au droit romain par plusieurs coutumes, renferma une présomption légale d'abandon de la part du précédent possesseur et fit disparaître toute difficulté à cet égard.

Johannes Faber paraît avoir compris sous ce rapport l'établissement de la possession annale comme condition de la complainte. Il examine la question de savoir qui doit être maintenu

---

[1] « Quod autem solo animo possidemus quæritur utrùm ne usque eò possidemus donec alius corpore ingressus sit ut potior sit illius naturalis possessio? An verò quod quasi magis probatur usque eò possideamus donec revertentes nos aliquis repellat : aut nos ita animo desinamus possidere quod suspicemur repelli nos posse ab eo qui ingressus sit in possessionem, et videtur utilius esse. » L. 25, § 2, *De possess.*, au Digeste.

en possession, de celui qui a occupé publiquement depuis deux ans le terrain appartenant à un absent, ou de cet absent lui-même qui a gardé *animo solo* la possession civile. Il résout d'après le *Speculator*, ainsi que d'après la tradition romaine, cette difficulté en faveur de celui qui était investi de la possession civile, et il ajoute par une intelligente comparaison : « Curia Franciæ » tenet quod ille est potior qui possidet *de facto* ultimo anno [1].»

C'est au point de vue analogue d'une présomption légale de consentement à la transmission de possession que Guy Pape a expliqué le terme de dix jours de possession requis par le Statut Delphinal pour l'exercice de l'action instituée contre les spoliateurs [2].

Telles sont à nos yeux les diverses causes par lesquelles il arriva qu'étant annulée comme base acquisitive de propriété, la possession annale resta le fondement d'une sorte de revendication préalable, de droit réel applicable dans la sphère du possessoire.

Cette annalité, qui sert de base aux actions possessoires du droit français moderne, est donc à nos yeux l'ancienne prescription annale dégénérée, déplacée et réduite à un effet provisoire, sous l'influence de plusieurs causes combinées et notamment de la renaissance des traditions juridiques romaines [3].

Peut-être son introduction dans la sphère possessoire fut-elle consacrée par une ordonnance du roi Philippe le Hardi dont parle Beaumanoir dans plusieurs passages [4]. de son livre et qui paraît avoir renfermé diverses dispositions touchant la matière possessoire. Il est au moins probable que cette ordonnance était le principe de certaines innovations que ce jurisconsulte nous montre tout à coup formulées dans les coutumes qu'il enregistre. M. Beugnot fait observer du reste avec raison qu'on ne trouve nulle part ailleurs la mention de cette ordonnance ; mais le livre

---

[1] *Inst. de Actionibus*, § *retinendæ*.

[2] § *Per decem dies*, quæst. 2 et 3, § *Interpretamur*, commentaire du Statut Delphinal.

[3] « C'est de cette prescription, dit M. Ch. Giraud (Thèse, p. 27), que vient notre possession annale en matière possessoire. Lorsque plus tard on apprit à distinguer la propriété de la possession, on changea seulement en prescription provisoire ce qui dans l'origine était une prescription définitive. »

[4] Chap. 32, §§ 1, 2 et 28.

de Beaumanoir est si net et si complet sur divers points de notre matière laissés dans le vague par la jurisprudence antérieure, qu'il y a tout lieu de penser qu'une législation positive avait dû intervenir dans l'intervalle et antérieurement à la rédaction de la coutume de Beauvoisis.

Les preuves de cette relation étroite, quelquefois un peu confuse, entre les délais de la prescription et ceux qui servent de condition à l'action possessoire éclatent de toutes parts dans le droit du moyen âge. Joignons sur ce point le témoignage de Klimrath, à ce que nous avons constaté dans les *Olim :* « Dans la plupart, dit-il, des nombreux exemples ou formulaires que les coutumiers nous ont conservés du cas de nouvelleté, le demandeur allègue ordinairement possession non pas seulement d'an et jour, mais de dix, vingt, trente ans, ou possession immémoriale, ou par tel temps qu'il puisse et doive suffire à bonne possession avoir acquise et retenir. Il est vrai que Beaumanoir ne veut pas qu'on puisse cumuler ainsi le possessoire et le pétitoire, sous peine d'avoir perdu le possessoire [1] ; mais cette opinion n'a point prévalu. Eudes de Sens, notamment, enseignait le contraire. Jean Bouteiller veut toutefois qu'on proteste que si l'on dit chose qui touche à la réalité, ce n'est que pour conforter sa saisine et possession [2]. »

Beaumanoir a fort bien senti les rapports intimes qui existent entre la possession annale et les prescriptions et qui distinguent d'une manière si profonde le droit français du droit romain, suivant lequel la *possessio ad usucapionem* était distincte de la *possessio ad interdicta.*

« Or, veons dit-il, li quel usage valent et li quel non. Uzages de an et jor pesivlement soufist à aquerre saizine si comme quant

---

[1] Voici les termes dont se sert Beaumanoir (chap. 32, § 29) :

« Aucune fois avient il que cil qui font ajorner sor novele dessaisine, quant ce vient à lor claim fere, metent tout ensanlle en lor claim novele dessaisine et propriété ; si comme se Pierres dist que Jehans l'a dessaisi de novel de l'iretage dont il avoit esté en saisine an et jor et puis dist dix ans vingt ans ou de tel tans que le coze li est acquise par longe tenure. Et quant tex cas avient, li ples doit estre demenes selonc ce con doit demener plet de propriété, ce est à dire que Jehans, qui fu ajornes sor le novele dessaisine et fu toutes voies trouvés en pesible saisine de le coze aura les delais que coustume donne en plet de propriété et aura Pierres renoncié à l'establissement que li rois a fet de noveles dessaisines, parce qu'il fonda le plet sor le propriété. »

[2] Klimrath, t. II, p. 361.

aucuns a une terre labourée ou une vigne ou autre héritage et despouillé pesivlement un an et un jor, et aucuns vient qui lui empeeque : li sires doit oster l'empeequement s'il en est requis, et tenir celi en sa saizine dusqu'à tant qu'il pert par plet ordené la propriété de l'héritage, la seconde manière d'usage si est de tenir l'héritage par dix ans pesivlement à la veue et à la seue de cix qui l'empeequement y voelent metre : tex manières d'usage valent à aquerre propriété et saisine d'éritage... la tierce manière d'usage si est de trente ans [1]. »

Plusieurs coutumes reconnaissent la même analogie.

Celles de Valenciennes (ch. 12), de Metz (ch. 14), de Valois (art. 116 et suiv.), de Gorze (ch. 14), de Lorraine (titre 18), réunissent la possession annale et les prescriptions sous une rubrique commune.

« Il y a, dit l'art. 1er du titre 2 de la *Coutume d'Épinal*, deux sortes de possessions, à savoir celle d'an et jour, pour le simple possessoire, et la haute qui est de vingt-un ans pour le plain-droit au pétitoire. »

Des analogies plus profondes que celles du langage rapprochent la possession annale et les prescriptions.

L'acquisition de la saisine dans l'ancien droit coutumier est, en effet, suspendue par les mêmes causes que celle de la prescription.

« Item, encore [2], dit Bouteiller, peux et dois savoir que contre pupille ne contre furieux, durant leur furiosité, saisine ne se peut ne doit acquérir. »

Par suite de cette manière de voir, le mineur se trouvait au moment de sa majorité succéder à la saisine de ses auteurs au jour de leur mort [3].

On voit que dans ce système empreint de quelque confusion, l'an et jour produisait une sorte de prescription provisoire qui semblait par sa forme et ses conditions se rapprocher de la prescription véritable dont elle n'était même pas complétement sé-

---

[1] Chap. 24, §§ 3 et 4.

[2] Somme rurale, tit. 31, p. 329, édit. de 1621.

[3] *V.* De Fontaines, chap. 14, §§ 1 et suiv.; coutume du Maine, art. 454 et 465, ainsi que les observations de Duplessis sur ces articles, t. II, p. 645 de ses œuvres.

parée, sous le rapport de l'efficacité, en ce sens que si le recours au pétitoire n'était pas formé, dans l'année même après la condamnation possessoire, par celui qui avait succombé, le droit de celui-ci était perdu et le pétitoire absorbé d'avance.

Notre manière d'expliquer l'établissement de la possession annale comme condition des actions possessoires, laisse, on peut l'apercevoir, quelque vérité éloignée au système de Pithou, qui rattache la saisine aux principes de la loi Salique.

L'opinion de cet auteur est inexacte, sans doute, sous le rapport de l'interprétation de la loi barbare qui lui sert de point de départ; mais elle renferme un sentiment juste du lien indirect mais certain qui rattache aux origines germaniques la règle de la possession annale, enracinée depuis la fin du XIII° siècle dans notre jurisprudence relative à la défense possessoire.

Ce rapport, exagéré par Pithou, a été, au contraire, trop oublié peut-être par ceux qui, s'occupant de réfuter son assertion, n'ont nullement recherché la portion de vérité qui y est cependant implicitement contenue.

Le lien établi entre la possession annale, base des actions possessoires et les prescriptions, rend compte de presque toutes les différences entre l'action possessoire française et celle née de l'interdit romain, différences si bien analysées par M. Giraud, dans sa thèse sur ce sujet (p. 21).

Le caractère réel de la complainte opposé au caractère personnel de l'interdit romain, la présomption de propriété attachée à la possession, au lieu de l'isolement respectif du domaine et de la possession, la faculté de joindre à sa possession celle de son auteur, tandis qu'à Rome cette jonction était interdite [1]; tout cela se rattache en effet à l'introduction dans la sphère possessoire du principe de la possession annale, emprunté originairement aux règles du pétitoire.

Une seule des différences signalées entre le système français et le système romain ne se coordonne point avec le même principe, c'est la distinction de la *possessio ad usucapionem* et de la *possessio*

---

[1] Gaius, IV, § 151, admet cependant une certaine jonction de possession pour l'acquisition du droit à l'*utrubi*. *V.* aussi au *Digeste* le titre *De diversis præscription.*, l. 14.

ad interdicta; mais son origine était dans l'exigence de la bonne foi et du juste titre pour l'acquisition de l'usucapion romaine.

La condition de possession annale concourut ainsi puissamment à établir dans la législation civile cette *réalité* de l'action possessoire moderne résultant déjà pour la réintégrande canonique de la responsabilité des tiers qui auraient connu la spoliation [1].

En poursuivant l'examen des bases du système des actions possessoires dans leur forme antérieure au XIVe siècle, nous remarquons que dans cette première partie de leur histoire moderne ces actions paraissent s'appliquer aux meubles comme aux immeubles, sans autre distinction que celle qui résulte des textes de Beaumanoir que nous avons rappelés relativement à la condition de possession annale [2].

Le cumul du possessoire et du pétitoire était, nous venons de le voir, pareillement toléré dans une certaine mesure.

Quant à la procédure à cette première époque, voici comment on la pratiquait devant le juge royal ou féodal [3]; car rien n'indique qu'il y eût sous ce rapport des règles différentes. Celui qui agissait demandait que la chose litigieuse fût ôtée à son adversaire et mise sous la main de justice. Mais on n'avait égard à sa demande que s'il donnait *plége* ou *caution* de poursuivre le plet et de payer les dommages-intérêts qu'il pourrait encourir. S'il ne donnait pas de pleiges, les choses en demeuraient là et l'adversaire restait saisi. Quand il fournissait au contraire caution, l'adversaire était mis en demeure d'en fournir aussi de son côté. Celui-ci refusant, la saisine était donnée au demandeur. Si le défendeur se décidait à *contrappléger*, la chose

---

[1] *V.* Crémieu, *Théorie des actions possessoires*, n° 203.

[2] Dans la décrétale *Cum dilectus filius* citée dans les Établissements de saint Louis, il s'agit aussi en grande partie du moins de spoliation mobilière *in prædis animalium et aliis.*

[3] La connaissance des cas possessoires, attribuée d'abord au parlement, fut transportée aux baillis et sénéchaux par une décision du 7 janvier 1277, et dont Guy-Pape (quæst. 552), Dubreuil (*Stilus parliamenti*), Brodeau (coutume de Paris), et M. Isambert, aux deux dates de 1277 et de 1353, dans son *Recueil des anciennes lois françaises*, ont donné ce texte : «Que les quereles de nouvelle dessaisine ne viengnent pas en parlement; mes chacun bailli en se baillie, appelées avec soy bonnes gens, aille au lieu et segrement sache se c'est nouvele *desesine* ou trouble ou empeschement, et se ainsi est face tantot resesir le leu et praigne le chose en la main le roy et face droict aux parties. »

litigieuse restait sous la main de justice. Le juge instruisait ensuite et décidait sur le possessoire.

Tel paraît être le sens des renseignements donnés sur cette procédure dans les Établissements de saint Louis.

Laurière [1] pense toutefois qu'on ne suivait cette marche qu'au
cas de dépossession, et que dans les cas de simple trouble l'applègement n'était pas imposé au demandeur, mais la chose directement séquestrée si le défendeur résistait à la plainte. Il paraît
toutefois que le plaignant pouvait même, en ce cas, agir par voie
d'applègement et renoncer à la saisine. C'est ce qui était du moins
décidé par une vieille coutume pour l'héritier agissant au cas de
nouvelle escheoite [2].

Beaumanoir est peu explicite sous ce rapport ; il reproduit les
termes de l'ordonnance de 1277, que nous venons de citer, et a
peut-être eu sous les yeux une pratique différente. « Au jor de-
veue, dit-il, li quens doit envoier et s'il trueve le liu dessaisi,
il le doit *fere resaizir* tout à plain avant qu'il en oïe nules def-
fenses du deffendeur ; et le liu resaisi, il doit tenir les cozes en
le main le conte [3]. »

Il n'est point ici question de l'*applègement*, et peut-être suffit-
il. pour s'en rendre compte, de remarquer que cette procédure
n'était point partout usitée à la fin du XIIIe siècle [4], bien que
nous l'ayons déjà trouvée mentionnée dans les anciens usages
de la Normandie [5].

Mais qu'est-ce que le *ressaisissement*, dont parle Beaumanoir,
et qui se concilie avec la tenue de l'objet litigieux *en la main
du comte*, c'est-à-dire en séquestre ?

Klimrath [6] y a vu la recréance au profit du demandeur, et cela
s'accorde assez en effet avec la notion de la recréance considérée
comme une sorte de séquestre dont l'une des parties serait gar-

---

[1] Sur Ragueau, v° *Applègement*.

[2] V. *ibid.*, le chap. 18 de la très-ancienne coutume d'Anjou, qui y est cité.

[3] *V.* chap. 32, § 4, et chap. 52, § 21.—Il est probable que dans le passage
que nous citons, Beaumanoir suppose la dessaisine établie par l'aveu du défendeur.

[4] Nous trouvons la preuve de ce fait dans les *Olim*, t. II, p. 287 et 403.

[5] V. *suprà*, chap. 6.

[6] Étude sur la saisine, travaux, etc , t. II, p. 365.

dienne [1]. Toutefois et en admettant que la recréance fut d'ailleurs appliquée déjà aux matières possessoires [2], il resterait à se demander pourquoi le jurisconsulte ne rappelle nullement, mais se borne à sous-entendre, comme le suppose Klimrath, les *sûretés* essentielles à la recréance, d'après son témoignage même [3], et semble aussi faire succéder le séquestre à la recréance au lieu de l'ordre inverse admis dans plusieurs documents. Il faut conclure de là peut-être que la restitution appelée *recréance* a pris place sous diverses formes dans la pratique de cette époque.

Nous n'approfondirons pas davantage ces détails d'une procédure qui dut être au reste fort variable et soumise au caprice des coutumes locales.

Le XIIIe siècle nous a montré la plupart des principes destinés à servir de base au droit des actions possessoires en France déjà fixés avec précision dans le livre de Beaumanoir qui renferme pour ainsi dire, sous ce rapport, le nœud historique de notre sujet. Nous verrons cependant ces principes subir, dans les périodes ultérieures, des modifications graves et nombreuses.

[1] *V.* le texte de Rebuffe, *infrà.*

[2] Cf. chap. 52, §§ 21 et 53, §§ 2 et suiv. de la coutume de Beauvoisis.

[3] « Recreance, si est ravoir ce qui fut pris por donner seurté de remettre loi en la main du premier, à certain jor qui est nommé, ou aucune fois à la semonse du seigneur qui fist penre (Coutume de Beauvoisis, chap. 53, § 2). » L'auteur de la *Somme rurale* est encore plus expressif sur ce point (l. 1, tit. 21) : « Mon vieil praticien dit que pour avoir la recreance faut apleger, c'est-à-dire bailler caution, dont par aventure applègement est dénommé. »

CHAPITRE IX.

Histoire des actions possessoires depuis le XIVᵉ siècle jusqu'à l'ordonnance de 1667.

A mesure que la connaissance du droit romain se répandit en France, les actions possessoires, dont son influence avait déjà modifié l'organisation avant la fin du XIIIᵉ siècle, furent de plus en plus rapprochées, par le langage et la comparaison des jurisconsultes, des interdits de l'ancienne Rome. Cependant, malgré ces efforts naturels d'une science timide et à peine renaissante, les principes du droit coutumier résistaient à l'absorption, ils subsistaient de leur vie propre et se développaient dans la pratique juridique par la vigueur inhérente à l'esprit français.

L'influence législative proprement dite, dont nous avons soupçonné l'intervention avant l'époque de Beaumanoir, ne paraît avoir pris, au commencement du XIVᵉ siècle, aucune part aux développements du droit relatif à cette matière. L'ordonnance du 13 mai 1315 se borna à régler quelques points de compétence possessoire entre la juridiction royale et celle des seigneurs, et à assurer à la première la connaissance des cas de nouvelleté [1].

Dans son Commentaire sur les Institutes de Justinien, un ju-

---

[1] § 12. « Nous voullons et octroions que de à tort et sans cause, soit de héritage ou de chastiex, se nouvelleté n'y est proposée avecque partiels mots la cour et la cognoissance n'en soit pas ostée aux seigneurs. »

§ 13. « Que se nouvelleté est proposée et ce est entre seigneur et soubgiet par moien ou sanz moyen, que la court et la cognoissance en soit rendue aux seigneurs. »

§ 22. « De cas de trouble et empeschement de justice en cas de nouvelleté nous en aurons la cognoissance entre les voisins et de tous autres soit laissiée aux seigneurs. »

Gregorius Tolosanus (*Syntagma juris*, pars III, lib. 21) constatait au XVIᵉ siècle ce droit général, mais non universel, de la juridiction royale dans les termes suivants: « In casu novitatis inter privatos cognitio pertinet ad regem. Et ideo in officinis æquitatis impetrantur codicilli seu litteræ cancellariæ quibus co-

risconsulte de l'Ouest, écrivant au commencement de la période dans laquelle nous entrons, *Johannes Faber*, s'étend longuement sur le cas de nouvelleté, *casus novitatis*, qu'il compare à l'interdit *uti possidetis* (en semblant même les confondre), et que par conséquent il refuse d'appliquer aux meubles : *pro possessione mobilium non datur.*

Ce cas de nouvelleté correspond à l'interdit prohibitoire, ou au cas de *nouveau trouble* de Beaumanoir, devenu dominant dans la pratique. « Curia tamen Franciæ, dit Faber en parlant de » l'*uti possidetis*, dat pro omni jure et quasi omnes causæ sunt de » talibus ut supra dixi [1]. »

D'après les développements qu'il donne à son idée sur ce point, le cas de nouvelleté semble avoir embrassé souvent, dans la procédure du temps, tous les cas de nouveau trouble, de nouvelle dessaisine et de force.

L'interdit *uti possidetis* est donné en effet, d'après Faber, à celui qui a la simple possession civile. Peu importe que l'auteur du trouble se soit lui-même emparé complétement de la chose, si c'est, par exemple, en l'absence du demandeur ; celui-ci sera encore considéré comme possesseur, et pourra se servir de l'interdit prohibitoire : « Videamus ad secundum contra quem detur » hoc interdictum et est certum quod contra turbantem et inquie-» tantem etiamsi possideat, dum tamen vi vel clam vel precario » ab actore et actor *aliquam possessionem* habeat. » Placé sur le terrain de cette distinction délicate entre la possession naturelle et la possession civile, l'auteur paraît faire dépendre le caractère de l'action de l'exposé du demandeur [2], et il lui adresse la recom-

gnitio committitur magistratibus regiis : sicut per prætorem olim dabantur judices recuperatores. Exceptis quibusdam senarchiis qui jure suo sine codicillis regiis de interdicto hoc cognoscunt et solent in casu hoc saisinæ et novitatis literas sui sigilli concedere ; quemadmodum senatus Cadurcensis facit. »

[1] « Hæc materia, dit-il ailleurs, est tota practica maximè in curia Franciæ ubi quasi omnes causæ sunt in casu novitatis quod est fere uti possidetis. » Jean Faber, qui procède souvent par voie de comparaison entre le droit romain et le droit français, constate aussi fort nettement les nouveaux principes relatifs à la saisine héréditaire. « Apparet quod aliquis non potest agere hoc interdicto nisi possessionem realem habuerit quamvis prædecessor vel auctor suus habuisset ; hoc tamen non servat curia Franciæ in succedentibus universaliter ratione sanguinis quos possessores sine apprehensione reputat. »

[2] Tel est aussi le motif des précautions de langage recommandées aux demandeurs par Faber, et que Loysel répétait encore plus tard :

mandation suivante, que la pratique du parlement de France méconnaissait comme lui étant inutile : « Narra ergo in libello » factum tuum sapienter, et super omnia cave quod non narres » tale factum per quod videaris compulsus vel expulsus desiisse » possedisse, quia te ipsum excluderes (Dig. de vi et vi armata, » L. Si metu rerum). Advocati curiæ Franciæ non multum hic at-» tendunt quia semper contendunt in turbativa quæcunque sit vis. »

Ces derniers termes sont formels et montrent que la division tripartite de Beaumanoir était restée plutôt théorique que pratique. L'action de nouveau trouble semble en effet avoir été généralisée comme un moyen plus propice pour arriver au séquestre en évitant l'applégement. Cette différence des procédures est parfaitement expliquée, à l'occasion des anciennes coutumes d'Anjou et de Poitou, dans le Glossaire de Ragueau et Laurière (v° *Applégement*). On y voit que le choix de l'action dépendait de la volonté du demandeur, et telle était la cause de l'usage pratique constaté et expliqué par Faber dans les termes suivants : » Scio quod advocati curie Francie semper formant in turbativa » pro eo quod res contentiosa ponitur ad manum regis de con-» suetudine illius curiæ. »

Faber s'occupe peu de l'interdit *undé vi*, qu'il semble cependant considérer comme toujours en vigueur sur les bases du droit romain, et à l'égard duquel il renvoie à l'ouvrage du *Speculator*.

Si l'on rapproche du commentaire du jurisconsulte angoumois sur la matière qui nous occupe, les passages dans lesquels un auteur presque contemporain, Pierre Jacobi [1], traite des actions possessoires dans sa *Pratique dorée*, écrite à Montpellier vers le commencement du XIV⁰ siècle, on voit que l'influence du prin-

---

« En cas de nouvelleté se faut bien garder de dire qu'on ait été spolié mais simplement déjeté ou troublé de sa possession par force. » (*Instit. coutumières*, l. 5, t. IV, n° 11.)

[1] Nous avons consacré à la vie et à l'ouvrage de ce jurisconsulte une *étude* insérée dans la *Revue de législation et de jurisprudence*, t. XX, 3ᵉ série, p. 417 (année 1844). Jacobi était d'Aurillac, et il existe dans les archives de cette ville divers documents relatifs à sa famille. Au bas de la gravure d'une thèse où il est figuré, et qui est conservée dans cette ville, il est désigné par la qualification suivante : *Socer Marthæ de Gascher*, ce qui paraît être la cause d'une assertion de Chabrol relativement à son nom véritable (*V*. Coutumes d'Auvergne, t. IV, p. 369),

cipe coutumier de la possession annale ne paraissait pas avoir
pénétré librement dans cette région méridionale [1], et que la possession sans aucune condition de durée y donnait encore, à cette
époque, comme sous la tradition romaine, le droit d'exercer
l'interdit *uti possidetis*.

Ainsi, dans le titre *De actione in factum ex interdicto uti
possidetis*, la formule d'action rapportée par le jurisconsulte ne
fait aucune mention de l'annalité possessoire [2].

Les principes romains, conservés, pour ainsi dire vivaces,
dans la Pratique dorée, sont du reste pliés aux intérêts nouveaux
et au besoin de simplicité qui a fait élaguer, dans la période
moderne de l'histoire des actions possessoires, cette multiplicité
d'interdits spéciaux existant dans le droit romain.

Jacobi traite de l'*interdictum utile pro servitutibus*, et il
l'applique à la possession des rentes et redevances. Il donne à
cet effet un *libellus super pensione aliqua seu redditu*, à celui
qui possède une redevance de cette nature *annuellement (an-
nuatim)*, c'est-à-dire par deux ou trois ans de jouissance (*per
duos vel tres annos*) [3].

Si après les recherches dans lesquelles nous sommes entré
déjà relativement à l'origine de la possession annale, il pouvait
rester quelque doute sur son origine germanique, le développement de ce principe, moins rapide et moins complet dans le
midi que dans le nord de la France, serait un nouvel argument
pour repousser la supposition qu'il ait pu être introduit dans
notre droit moderne par induction, soit des lois romaines sur

---

[1] On en trouve cependant quelques traces dans les Coutumes de Salon (V. *suprà*)
de l'année 1293, dans celles de Châtelblanc, art. 5 et 36 (de 1306), et dans celles
de Montpellier, art. 59.

[2] *V.* la *Pratique dorée*, édition de 1492, fol. 200 et 201.
L'usage du séquestre est indiqué dans ce livre pour le cas où les deux parties
dans l'instance sur l'*uti possidetis* administreraient des preuves égales de leur
possession. «Idcirco à judicando super possessione dicti fundi penitus abstinemus
et quia ex verisimilibus merito timemus quod partes veniant ad arma et rixas ideo
dictum fundum ad manum curiæ nostræ ponimus et jubemus prædictis partibus ne
ad dictum fundum accedant causa colendi nec ex alia causa donec cognitum seu
udicatum fuerit ad quem predicti fundi proprietas debeat pertinere. »

[3] *V.* dans le même sens Masuer, titre 11, § 9 :
«Item pro rebus et juribus incorporalibus competit et datur casus novitatis ut
si quis dicat se esse in possessione habendi et percipiendi certos census aut reditus
ad causam talis mansi, etc. »

l'annalité de.l'exercice des servitudes, suivant l'analogie acceptée à tort par le grand esprit de Domat, soit des interprétations wisigothiques citées récemment par M. Laferrière[1].

La tendance que Johannes Faber signalait de son temps chez les légistes du parlement, et qui consistait à faire rentrer le cas de nouvelle dessaisine dans celui de nouveau trouble, était, jusqu'à un certain point, une conséquence logique du principe admis depuis Beaumanoir, à savoir que la possession légale était caractérisée par le délai de l'annalité accomplie.

Sous ce point de vue, la dépossession qui n'avait point encore donné naissance à une nouvelle possession annale, ne constituait point une dessaisine véritable et laissait subsister la saisine du possesseur spolié, de même que dans la doctrine des romanistes la possession civile pouvait survivre à la possession naturelle.

Le cas de nouveau trouble garantissait ainsi toutes les situations, et c'est de sa confusion avec le *claim de nouvelle dessaisine* que sortirent peut-être ces expressions générales et vagues de *cas de nouvelleté, cas de saisine et nouvelleté*, qui, à dater du XIVe siècle, marquèrent la prétention de celui qui se disait saisi, malgré l'atteinte plus ou moins profonde portée à sa possession.

« On admit alors par fiction, dit Klimrath[2], que lorsque le possesseur d'an et jour était dessaisi de nouvel, il ne serait point considéré comme ayant perdu la saisine, mais comme y étant seulement troublé et empêché ; la nouvelle dessaisine fut assimilée au nouveau trouble. »

Ce qu'on a appelé la révolution opérée par Simon de Bucy dans le droit des actions possessoires, révolution regardée par quelques anciens auteurs comme si importante, que ce magistrat a été considéré par eux comme l'instaurateur du cas de saisine et nouvelleté, nous paraît avoir principalement consisté dans la consécration, en quelque sorte *prétorienne*, des modifications déjà révélées par Jean Faber.

Premier président du parlement de Paris au milieu du XIVe siècle, Simon de Bucy sanctionna probablement comme règle

---

[1] V. *suprà*, ch. 4.

[2] Travaux sur l'histoire du droit français, t. II, p. 366.

définitive des résultats préparés déjà par la pratique de ces jurisconsultes, dont l'écrivain angoumois avait dit : « Semper con-
» tendunt in turbativa quæcunque sit vis. »

Ainsi le véritable cas de dessaisine qui résultait de l'expulsion
violente servant de base à une réclamation judiciaire, ne conserva
plus guère d'existence en dehors du cas de nouveau trouble, si
ce n'est toutefois dans les traditions de la théorie juridique.
C'est dans ce sens qu'on a pu signaler Simon de Bucy comme
ayant confondu les cas de dépossession et de trouble et assujetti
l'un et l'autre à des règles identiques [1].

La plupart des coutumes rédigées à une époque postérieure
ne parlent que de la complainte en cas de saisine et de nouvelleté. Elle constitue dans leurs textes l'action possessoire par ex-
cellence, et si certaines d'entre elles nomment une autre action
possessoire, ce n'est en général que pour l'assimiler à la complainte quant aux principales conditions de son existence [2].

Ainsi, par une révolution de procédure, peut-être aussi par
l'adoucissement progressif des mœurs, rendant les violences
moins fréquentes, l'interdit qui avait été en quelque sorte le
plus vivace dans les premiers siècles de notre histoire, tendait à
se perdre dans l'*uti possidetis* nouvellement rétabli.

Cependant la diversité des actions possessoires s'est conservée
aussi au fond des doctrines juridiques.

Au XVe siècle, Bouteiller, qui, dans sa *Somme rurale*, appelle
tout interdit action de nouvelleté, parle spécialement de l'action
de nouvelleté *de force faite*, et se réfère ainsi évidemment à une
continuation de l'interdit *unde vi* [3].

Guy Pape, à la fin du même siècle, distingue dans la juris-

---

[1] *V.* Troplong, de la Prescription, § 299 et 310.

[2] « Nous ordonnons, disent les chartes de Hainaut (ch. 42, art. 5), que tous
» possesseurs d'an et jour troublés en leur possession pourront agir, si bon leur
» semble, par la voie de la complainte contre les usurpateurs de quelque portion
» de leurs héritages ou bien, s'ils sont spoliés violentement, se pourvoir par le
» remède de réintégrande ou réintégration sans qu'ils soient tenus de commencer
» par cerquemanage s'il ne leur plaist. »
La coutume de Montargis (art. 1, ch. 21) mentionne cependant *la complainte
et autres cas possessoires.* »

[3] Il parle de l'action de nouvelleté *quorum bonorum*, de l'action de nouvelleté
quorum legatorum, de l'action de nouvelleté *de force faite*, que les clercs appellent *unde vi*, et enfin de celle que les clercs appellent *uti possidetis.*

prudence de France le cas de *nouvelle dessaisine* et celui de *nouvelleté* [1].

Plus tard la tradition de cette nouvelle dessaisine ou d'un interdit distinct du cas de nouvelleté, se transforme spécialement sous l'influence du langage emprunté au droit canonique.

Lizet et Imbert, dans leurs *Pratiques*, Charondas, dans ses notes sur le Grand Coutumier et sur la pratique de Lizet, Papon, dans ses *Arrêts notables*, Gregorius Tolosanus, dans son *Syntagma juris*, s'occupent d'une action à laquelle ils donnent le nom, conservé depuis, de *réintégrande* [2]. Ils en parlent comme d'une institution non-seulement théorique, mais encore pratique, sans toutefois rappeler à son égard les anciennes formalités de l'applégement [3].

Quelques-uns de ces jurisconsultes, tout en marquant le rapport entre cette action et l'ancien interdit *unde vi*, les distinguent cependant par certaines nuances.

Imbert s'exprime à cet égard dans ces termes [4] : « Quant est de l'interdit *unde vi* par le droit introduit pour recouvrer la possession dont l'on a été spolié, il n'est pas en si grand usage que la réintégrande, parce que l'interdit récupératoire de possession a lieu contre celuy qui, par force, dejecte et spolie de la possession, ou a pour agréable la spoliation faite par autruy en son nom et à son adveu. Mais la réintégrande a lieu contre tous qui injustement détiennent et occupent [5], et peut estre formée par tous qui à droit et bonne cause tenoient et exploitoient avant la spoliation. Davantage le dit interdit n'est baillé que quand l'on est

---

[1] *Comment. in statut. Delphin.*, p. 18.

[2] « In locum interdicti recuperandæ possessionis, dit Gregorius (pars III, l. 21), utimur litteris seu codicillis regiis vel senarchi si is privilegium habet quos statutum dicunt querelæ de novis dessaisinis, in quo spoliatus dicit se possedisse et spoliatum fuisse vocant etiam restitutionem *la réintégrande* sicut et summi pontifices. »

[3] Quant à la prédominance usuelle de l'interdit *retinendæ*, voyez *suprà* ch. VIII, p. 117, le passage de Dumoulin.

[4] Ch. 17.

[5] On reconnaît ici l'influence du principe canonique sur la réintégrande donnée d'après la decrétale d'Innocent III, *sæpe contingit*, contre les tiers détenteurs *de mauvaise foi. V.* dans le même sens Fachinœus, *Controverses*, l. 8, ch. 12. — Menochius (*De recuperanda possessione*, remed. 15, quæst. 67 et suiv.) entre, à cet égard, dans une foule de distinctions. Le caractère réel fut définitivement attribué aussi bien à la réintégrande qu'à la complainte. *V.* Crémieu et les autorités qu'il cite, p. 221 et 222.

spolié et déjetté de la possession des immeubles, et non des meubles, sinon quand les meubles étoient en fond ou maison dont le spolié étoit possesseur; mais la réintégrande peut estre intentée pour la spoliation de quelque meuble jaçoit qu'il ne fust en la maison laquelle le spolié possédoit. Il y a d'autres différences entre ces deux remèdes qui sont traictées en droit, mais parce qu'elles ne viennent souvent en pratique je les laisse. »

Charondas [1] distingue aussi la réintégrande de l'interdit *unde vi* [2]; mais il reconnaît en même temps que plusieurs regardent la réintégrande *comme établie au lieu et place de l'interdit unde vi*. Quand on remarque en même temps, d'après les observations d'Imbert, que la seule différence entre ces voies de droit consiste en ce que la réintégrande a une portée plus large, plus étendue que l'interdit romain, on comprend parfaitement que la première de ces actions ait généralement absorbé l'autre; aussi est-elle présentée par les auteurs plus récents comme le seul remède pour le cas de spoliation [3].

Le nom de la réintégrande, comme action distincte de la complainte ou cas de nouveau trouble, fut d'ailleurs conservé même dans les monuments législatifs. L'article 63 de l'ordonnance de Villers-Coterets (1539) est notamment conçu en ces termes :

« Et seront toutes instances possessoires de complainte ou réintégrande vuidées sommairement les preuves faites tant par lettres que par témoins dedans un seul délai arbitré au jour de la contestation et sans plus y retourner par relièvement de nos chancelleries n'autrement. »

L'article 62 de la même ordonnance décide que « les sentences de recréance et réintégrande en toutes matières et de garnison seront executoires nonobstant l'appel et sans prejudice d'iceluy en baillant caution [4]. »

----

[1] Notes sur le Grand Coutumier, ch. 21.

[2] On trouve dans les auteurs plus d'une contradiction sur la matière qui nous occupe. Ainsi Charondas (sur Lizet, p. 250, édit. de 1613) dit que l'*interdit* unde vi *est compris sous le nom général de cas de saisine et de nouvelleté et s'intente civilement selon la forme d'iceluy*. Ailleurs, cependant, il n'étend le cas de saisine et de nouvelleté qu'à la répression de la force *compulsive* et *inquiétive* opposé à la *force expulsive*.

[3] *V*. par exemple Argou, *Instit. du droit français*, l. 8, ch. 9.

[4] Le rapprochement de la réintégrande et de la recréance dans ce passage, et ce

Il faut induire de ces faits que la confusion opérée, dit-on, par Simon de Bucy entre le cas de nouvelleté et celui de dessaisine ne fut pas complète : que tout au moins l'ancienne action de dessaisine conserva à l'abri des traditions romaines et canoniques, et sous le nom nouveau de réintégrande, une existence restreinte par la rareté de ses applications, et déterminée par la différence des conditions exigées pour chacune de ces actions possessoires.

La complainte ne pouvait en effet se fonder que sur la possession annale, et cette règle ancienne n'était modifiée que par la suppression de la suspension pour cause de minorité. Mais la réintégrande pouvait, d'après certains auteurs, s'exercer sans aucune condition d'annalité. « N'est point nécessaire, dit Imbert [1], que le demandeur prouve possession d'an et jour avant la spoliation ains seulement qu'il estoit possesseur au temps de la spoliation [2]. »

Chabrol [3] cite dans le même sens les notes de Charondas sur le Grand Coutumier, Faber, Rebuffe, Gregorius, Tolosanus et Aufrerius. Mais quelques-uns de ces auteurs, notamment Charondas et Faber, sont peu précis à l'égard de cette différence de

---

que dit aussi Denisart de la réintégrande, qu'il appelle une simple provision (v° *Réintégrande*), fait au premier examen supposer que le mot de réintégrande a été quelquefois employé comme synonyme de *recréance* et pour désigner un incident de la procédure de complainte. Cependant je suis porté à croire que le caractère provisoire attribué à la réintégrande provenait de ce que la partie qui avait succombé sur ce chef avait la faculté d'intenter ensuite l'action possessoire à fin de maintenue. Ragueau, v° *Sentence*, ou instance de réintégrande, s'exprime ainsi : « Partant autre est l'instance et sentence de *réintégrande*, autre de la *recréance*, autre de la garde et maintenue qui est au plein possessoire *de jure possessionis*. Mais la recréance et réintégrande ne sont que provisoires, *quarum nomine plene et exacte non cognoscitur de jure possessionis sed summatim pendente lite : in eis vertitur momentaria possessio. Nec dixeris omne interdictum esse momentarium, hujus modi non est adipiscèndæ vel retinendæ possessionis interdictum sed recuperandæ tantum quæ momenti actio.* »

Charondas, sur le Grand Coutumier, appelle aussi la réintégrande : *Interdictum momenti sive momentariæ possessionis quæ statim sine ulla cunctatione spoliato restituenda est et à Symmacho* (lib. I Epist.) *momenti reformatio appellatur.*

[1] Liv. 1, ch. 17.

[2] La réintégrande fut organisée en Dauphiné par le statut de 1408 *Si quis per litteras*, lequel, en l'absence de tout titre d'acquisition, exigeait une possession de dix jours pour l'exercice de cette action. Guy-Pape explique dans son Commentaire, § *Vel quasi*, quest. 2, que cet édit n'était point applicable aux cas de trouble, mais seulement à ceux de spoliation.

[3] Coutumes d'Auvergne, t. I, p. 60.

condition qui paraît n'avoir pas été universellement reconnue [1].

L'action de nouvelle dessaisine s'appliquait à la poursuite des meubles enlevés, ainsi que nous avons pu le remarquer plus haut dans un passage extrait du livre de Beaumanoir, et comme Guy-Pape le constatait aussi bien dans les usages de la France que dans ceux du Dauphiné [2]. « Sic etiam, dit-il, audivi quod servatur » in regno Franciæ quando intentatur remedium statuti querelæ » de novis dissaisinis quod statutum practicatur etiam super rebus » mobilibus sicut super rebus immobilibus licet dictum statutum » de novis dissaisinis imitetur naturam interdicti unde vi. »

Il en était autrement de la complainte.

« Pro possessione mobilium non datur, » disait Johannes Faber [3], et une foule d'auteurs et de coutumes l'ont répété après lui, tout en exceptant de cette règle les meubles compris dans une universalité de choses ou dans le ressort d'une justice étrangère [4]. Cependant Bouteiller disait encore (*Somme rurale,*

---

[1] L'auteur de l'Introduction à la pratique judiciaire de Normandie dit que la possession annale est exigée pour l'action de nouvelle dessaisine. D'après Argou, la seule différence entre la complainte et la réintégrande aurait consisté en ce que le juge pouvait évoquer le pétitoire quand il s'agissait de la complainte, ce qu'il n'aurait pu faire au cas de réintégrande. *V.* le passage cité par M. Alauzet, *Hist. de la possession*, p. 262 et 263.

[2] *Comment. in stat. Delph.*, § *Rei alicujus*, quest. 3. *V.* aussi Imbert, ch. 17, l. 1 ; et Charondas, notes sur le Grand coutumier, l. 2, ch. 21, pour la Réintégrande ; Coutumes de Bayonne, art. 3, ch. 14. Le can. 3, q. 1 et la decrétale *Cum dilectus* (l. 2, t. X, ch. 2) paraissent s'appliquer aux meubles comme aux immeubles. Laurière, sur Ragueau (vᵒ *Applégement*), cite une ancienne coutume d'Anjou, d'après laquelle les applégements avaient lieu pour toute chose *soit meuble ou héritage*, et l'applégement signifie ordinairement, nous l'avons vu plus haut, le cas où le demandeur se reconnaît dessaisi.

[3] Inst., *De interdictis*, § *Retinendæ*.

[4] *V.* Grand coutumier, Ch. 6, liv. 2, chap. 21, éd. de 1598, p. 144. Mazuer, *De possessorio*, § 9. — Orléans, ancienne coutume, art. 372, et coutume nouvelle, art. 489. — Poitou, ancienne coutume, art. 337, et coutume nouvelle, art. 401. — Auvergne, t. II, art. 9. — Calais, art 231. — Clermont en Beauvoisis, art. 51. — Clermont en Argonne, ch. 27, art. 4. — Montfort l'Amaury, art. 60. — Montargis, ch. 21, art. 6. — La Marche, art. 7. Il paraît avoir existé quelques exceptions à la règle de l'inadmissibilité de la complainte en matière de meubles. Ainsi on lit dans l'art. 55 de la Coutume de Normandie : « Clameur de haro se peut intenter tant pour meuble que pour héritage. » Or on sait que le haro était, d'après les anciens auteurs, une sorte de complainte ou interdit *retinendæ possessionis*, fondé sur la possession annale (*Pratique judiciaire pour les siéges subalternes de Normandie*, par Bertin, ch. 31). Mazuer parlait de la *sauvegarde* comme d'un mode de protection également applicable aux meubles et aux immeubles. « Item si quis timeat inquietari in sua possessione mobilis vel immobilis cum adæquata sunt interdicta utrubi uti possidetis virtute salvæ gardiæ potest se facere manuteneri et conservari in sua

chap. 31) : « On peut asseoir complainte de nouvelleté soit sur chose mobilière, personnelle, réelle, spirituelle, corporelle, puisqu'on en auroit possession acquise par temps suffisant. »

Il est facile de se rendre compte jusqu'à un certain point du motif pour lequel la complainte cessa d'être reçue en matière mobilière.

Le trouble, cette atteinte spéciale à la possession que la complainte a pour but de réprimer, ne se conçoit pas aisément par rapport aux objets mobiliers. Il est difficile d'imaginer relativement à leur possession cette sorte de scission que produit le simple trouble distinct de l'expulsion absolue.

On voyait du reste percer dans nos anciens auteurs ce mépris de la propriété mobilière inhérent, à ce qu'il paraît, aux plus anciennes traditions germaniques [1], et qui a fait soumettre peu à peu les meubles dans notre droit à une sorte de prescription instantanée par laquelle le droit de propriété a été à leur égard presque subordonné à la possession non vicieuse et de bonne foi [2].

(Mobilium vilis et abjecta possessio,) disait-on d'autre part, pour exprimer l'idée qu'il n'y avait pas lieu d'exiger à l'égard des meubles deux instances distinctes, ni de donner à la possession qui les concernait une valeur isolée de la propriété à laquelle cette possession conduit si aisément.

Le possessoire et le pétitoire furent ainsi cumulés et confondus dans une procédure distincte de la complainte, mais qui l'absorbait relativement aux meubles dans sa nature complexe.

Cette revendication mobilière, qui se rattache ainsi indirectement au cadre des actions possessoires [3], portait généralement le

possessione et inhibere alteri ne ipsum impediat vel perturbet sub pæna certa vel salvæ gardiæ infractæ. » (*De possessorio*, § 4.)

[1] *V.* le mémoire inséré dans le *Kritische zeitschrift* de Mittermaier, par M. Renaud, privat docent à Berne, t. XVII.

[2] *V.* dans Crémieu, p. 394, l'analyse des trois systèmes suivis par les coutumes à l'égard de la revendication des meubles.

[3] Quoique le caractère possessoire de l'aveu soit souvent exprimé dans les monuments de l'histoire du droit, et que cette action soit même présentée comme la reproduction de l'interdit *utrubi;* par exemple, dans la rubrique du titre 25 des Coutumes de Saintonge, « d'arrest et adveu sur meubles qui est fondé *super interdicto utrubi*, » on doit reconnaître néanmoins que l'aveu ne se rattachait guère aux actions possessoires que sous le rapport de la procédure qui avait lieu par applégement, contre applégement et séquestre (*V.* art. 404, Poitou). Mais au fond l'aveu était une action pétitoire qui s'exerçait à l'encontre de toute pos-

nom d'*adveu*[1].— Ducange explique l'origine de cette dénomination par les recours en garantie auxquels cette procédure donnait lieu. Il s'exprime ainsi dans son Glossaire, vᵒ *Advocare*.

« Hujus notionis originem prodit Lambardus his verbis : erat in
» more positum ut, si quis rem furto surreptam mercatus eamdem
» alteri vendidisset, atque is porro rem illam cuiquam alienasset,
» idemque fecissent alii præterea plures, domino tamen per leges
» licebat rem suam ubivis apprehensam suo sibi jure vindicare.
» Tum vero ejus quem pene erat res deprehensa partes erant
» venditorem proferre causisque illum advocare ut is venditionem
» præstaret atque in se reciperet. Is demum causæ advocatus
» alium citabat aliquem atque ita alio alium advocante, in ipsum
» tandem furti auctorem culpa transferebatur... id ipsum Franci
» veteres dicebant *voucher a garantie.* »

Je préfère cette étymologie à celle imaginée par M. Renaud, qui rapporte le mot français *aveu* au mot germanique *anevang*.

L'aveu paraît avoir été pratiqué dans certaines provinces antérieurement même au XIIIᵉ siècle.

Ainsi Laurière[2] cite un article de la très-ancienne coutume du Poitou[3] qui y est consacré, et qui est ainsi conçu :

session d'une durée insuffisante pour produire la prescription. Ainsi, après avoir posé le principe de la prescription triennale avec titre en matière de meubles, les art. 420, Anjou. et 435, Maine, ajoutent :

« Et si le dit acquéreur à titre ne l'avoit encore possédé par le dit tems de trois ans, si tel meuble lui est demandé ou vendiqué par adveu ou autrement, il ne s'en peut défendre par le dit tems. »

[1] L'aveu était appelé aussi *dénoncement* dans la Coutume d'Anjou (art. 420), et dans celle du Maine (art. 435), *arrêt* et *ban* dans celle de Bayonne (tit. 14, art. 1), *séel* dans celle d'Acs (tit. 16, art. 8). C'est, d'après Charondas (notes sur le Grand coutumier, l. 3, ch. 18), la *sauvegarde* des anciens auteurs et dont parle Mazuer, § 4, *De possessorio.*

Dans la note de Charondas, on lit :

« ..... Ce qu'il traiste de la vendication et despouillement de meubles est appelé adveu dont mention est faiste en quelques coustumes : aucuns le dient estre la réintégrande *aut interdictum utrubi.* Les anciens l'ont aussi appelé sauvegarde. Imbert en écrit amplement au liv. 1 des Institutions forenses, et dict comme nostre auteur qu'on y traicte ensemble de la possession et de la propriété des meubles. La pratique du Chastellet, qui est la plus fréquente et mieux réglée, n'use plus de telles formes de procéder ains d'une poursuite civile ou criminelle pour la restitution des meubles. »

D'après Mazuer, il est difficile de reconnaître l'aveu dans la sauvegarde, d'abord parce qu'il dit positivement que celle-ci avait lieu pour meubles et immeubles, ensuite parce que c'était surtout un moyen de procédure plutôt qu'une action véritable.

[2] Indice de Ragueau, vᵒ *Adveu.*

[3] Liv. 2, ch. 21, art. 2.

« Adveux applégés ont convenance avec applegemens en tant qu'est de donner plège et que la chose est tenue en main de court et se diffèrent d'applégements et se concordent avec demandes simples, en tant que avec la possession est traité de la propriété et à perdre la cause par contumace il convient quatre défaulx comme en demande simple et l'amende n'y est que simple et en applégemens elle est de 60 sols un denier tournois et de causes d'adveux peut connoître le bas justicier, et il ne connoitra pas de cause d'applégement [1]. »

C'est surtout dans la rédaction des coutumes au XVIe siècle que l'aveu et le contre-aveu apparaissent comme des usages enracinés dans l'ouest de la France [2].

Imbert, jurisconsulte de ces contrées, en traite longuement [3] et se montre préoccupé du soin de concilier la double fin de la procédure d'aveu avec les dispositions législatives de son temps interdisant le cumul du possessoire et du pétitoire [4].

---

[1] *V.* aussi Ancienne coutume de Touraine, ch. 3, art. 2, et ch. pénultième, art. 7; Ancienne coutume de Poitou, art. 332.

[2] Brodeau ne regarde pas l'usage de la procédure d'aveu comme général. « Il y a *quelques* coutumes, dit-il, où l'on use d'adveus et contr'adveus et d'exhibition pour meubles. »

V. Anjou, 420; Maine, 435; Touraine, 370; Lodunois, ch. 2, art. 13 et ch. 37, art. 6; Poitoi, 385, 397, 404; la Rochelle, art. 20 et 25; Saintonge, art. 114; Acs, tit. 16, art. 8; Bayonne, tit. 14, art. 1.

La Coutume de la Marche admet pour les meubles une procédure spéciale sous le nom d'*exhibition;* son art. 7 est ainsi conçu : « Sequestre ne complainte en cas de nouvelleté n'ont point de lieu en choses meubles, mais si a lieu exhibition. »

[3] Ch. 17 de ses *Institutions forenses.*

[4] « En cette matière d'adveu, combien qu'elle soit possessoire, toutefois parce que selon droit la possession des choses mobiliaires est vile, c'est à dire que l'on n'en tient grand compte, l'on traicte de la propriété et seigneurie de meuble, sçavoir est à qui il appartient des deux contendans ensemble et de la possession : comme il est donné à cognoistre en l'art. 334 de la coutume de ce pays, où est dit que, quant à la demande simple jointe à l'applégement, y convient quatre défauts; car par la demande simple ne peut estre entendue autre chose que l'action pétitoire. Toutes fois par les ordonnances royaulx est prohibé d'accumuler et poursuivre le pétitoire et possessoire ensemble. Mais il faudra entendre la dite prohibition, quand il est question de choses immeubles et non de meubles, pour sauver la dite coustume : laquelle toutes fois n'est grandement à sauver, parcequ'il semble que la demande simple soit superflue, quand elle est jointe à l'adveu; car l'on pourroit aussi bien déduire la propriété que la possession, soit que la dicte demande y fut jointe, comme l'on fait en complainte pour conforter seulement la possession. »

« Néanmoins on pourroit dire qu'il serviroit à une fin de conjoindre la demande simple avecques l'aveu : car, quand la dicte demande simple seroit ainsi jointe,

Dans la suite de ses développements sur cette procédure, Imbert indique que l'adveu exige à ses yeux une possession pareille à celle sur laquelle on peut fonder la complainte, tandis que la réintégrande protége même les détenteurs précaires [1].

Il rapporte une coutume relative au droit du colon ou fermier de procéder par la voie d'aveu pour les fruits de sa ferme qui lui auraient été enlevés, et il résume son opinion en ces termes :

« Et serois de cest advis et conseillerois plustost que le fermier se pourveust par réintégrande, attendu mesmement qu'aujourd'hui par les ordonnances dernières les sentences données en réintégrande sont exécutoires, nonobstant l'appel, comme en complaintes, et qu'il est sans doute qu'il peut former réintégrande pour les dicts fruicts par les raisons ci-dessus déduites ou nous avons parlé de réintégrande. »

Au temps de Charondas, la procédure de l'aveu était tombée en désuétude, au moins à Paris. En effet, après avoir rappelé ce qu'en a dit Imbert, cet auteur ajoute [2] : « La practique du Chastellet qui est la plus fréquente et mieux réglée n'use plus de telles formes de procéder ains d'une poursuyte civile ou criminelle pour la restitution des meubles dont par requeste présentée au juge on peut demander l'exhibition pour la recognoissance et mêmes qu'ils soient représentez et déposez en justice. »

Si, à côté de la réintégrande et de la complainte, nous avons dû rappeler l'aveu comme occupant une place temporaire dans le tableau historique des actions possessoires, il nous est impossible d'oublier dans nos recherches une création originale du droit coutumier non moins étrangère que l'aveu à notre procédure actuelle, et dont la vitalité ne semble guère avoir dépassé une durée de deux à trois siècles : nous voulons parler de cette action mentionnée

---

et qu'il seroit décis des deux chefs ensemble, celuy qui y auroit succombé ne pourroit plus intenter action et demande pétitoire à l'encontre de celuy qui auroit obtenu sentence pour raison de la chose mobiliaire comprise par la sentence : ou si la dite demande simple n'avoit esté jointe à l'adveu, pourroit pour raison d'icelle chose encores intenter action pétitoire, comme l'on peut faire après la sentence donnée en matière de complainte. »

[1] Mazuer accorde, en certains cas, au fermier le droit d'intenter le *casus novitatis* (*De possessorio*, §§ 26, 27 et 28).

[2] Notes sur le Grand coutumier, l. 2, ch. 18.

dans plusieurs coutumes, et dans divers ouvrages, sous le nom d'action de *simple saisine*.

C'est vers le milieu du XIVe siècle au plus tard [1] qu'elle paraît avoir été introduite dans la jurisprudence. L'annotateur du Grand Coutumier s'en occupe assez longuement. Voici les termes naïfs dans lesquels il en parle : « Qui succombe en la nouvelleté, dit-il, il peut intenter libelle sur simple saisine : car il n'a pas perdu la saisine simplement. Mais il en est reculé ou débouté, en tant que touche cette qualité de nouvelleté seulement. Exemple : Un homme blanc se fera noir, mais pour ce ne perd-il pas la substance d'homme simplement ; mais il perd seulement cette qualité de blancheur [2]. Aussi celuy qui a succombé n'a perdu que cette qualité de nouvelleté, et peut intenter saisine simplement, laquelle il n'a pas perdue : toutefois c'est à entendre quand la possession de la chose contentieuse est du commencement mise en la main du Roy, jaçoit ce qu'aucuns dient que la main mise ne sert rien, et qu'autant en seroit, si la main n'y étoit point mise : car ils dient que par an et jour saisine n'est point acquise simplement mais la qualité de la nouvelleté seulement. Et selon aucuns autres, il acquiert la saisine simplement et entièrement. » Grand Coutumier, liv. 2, ch. 21.

Loysel, dans ses Institutes coutumières, nous donne des notions plus précises sur les conditions de la simple saisine. « Qui chet en la nouvelleté, dit-il, pour n'avoir joui an et jour avant le trouble, peut intenter le cas de simple saisine. »

« En simple saisine ne se fait aucun rétablissement, ains un simple adjournement, et n'y a lieu de récréance ni de séquestre. »

« Celui qui vérifie sa jouissance, par dix ans ou la plus grande partie d'iceux, avant l'an du trouble, recouvre par le cas de simple saisine la possession qu'il avoit perdue. »

---

[1] Ceci paraît prouvé par le passage du Grand Coutumier qui reporte à Simon de Bucy la pratique et peut-être la conception du cas de simple saisine. *V.* p. 144 *infrà*.

[2] Il paraît évident, d'après ce passage, que *simple saisine* fut une dénomination créée comme antithèse des expressions *saisine* et *nouvelleté*, et comme pour dire *saisine sans nouvelleté*. Toutefois il se pourrait aussi qu'on eût appelé cette action *de simple saisine*, parce que, quoique soutenue par des énonciations de faits utiles au pétitoire, elle ne tendait cependant qu'à obtenir saisine. Notre opinion diffère complétement ici de celle de Klimrath, qui veut que *simple saisine* ait été synonyme de *propriété* (*Travaux sur l'hist.*, t. II, p. 369 et suiv.).

« En simple saisine, les vieux exploits valent mieux ; en cas de nouvelleté, les nouveaux ou modernes. »

La pensée créatrice de cette action de simple saisine se rattachait évidemment à un désir profond de protéger la possession, désir qui dominait la perte de la possession annale et faisait rechercher la possession des dix années antérieures au procès, sans doute pour obtenir une présomption de propriété plus assurée, en prenant pour base d'examen un laps de temps plus long que l'année précédemment écoulée.

« Il semble, dit Charondas[1], que la simple saisine soit comme solidaire de la complainte de nouvelleté pour y avoir recours par celui qui auroit laissé passer l'an et jour depuis le trouble à luy donné en sa possession. »

On doit reconnaître que cette création du droit coutumier était une institution jusqu'à un certain point conséquente avec le nouveau point de départ du droit français recherchant surtout dans la possession la présomption de la propriété.

Une possession ancienne a en effet sous ce rapport infiniment plus de poids qu'une possession simplement annale.

Le vice de l'institution de la simple saisine consistait en ceci : que la preuve d'une ancienne possession décennale entraînait autant de longueur que l'instruction sur le pétitoire. Aussi voyons-nous que, dans certaines coutumes, la simple saisine et le pétitoire pouvaient être cumulés[2]. Du reste, les conditions de la simple saisine sont assez mal définies par les auteurs qui en ont traité. Quelques-uns d'entre eux appliquent le délai de dix ans, non à la durée de la possession à constater, mais à celui de l'exercice de l'action.

Mazuer s'exprime ainsi au § 32, *De possessorio* : « Item et » super interdicto recuperandæ possessionis quod nominatur » interdictum simplicis saisinæ est advertendum quod illud com- » petit illi qui habebat veram possessionem rei de qua agitur sed

---

[1] Note sur le ch. 22 de la *Somme rurale*.

[2] *V.* Chartes de Hainaut, ch. 42, art. 4.

Mazuer, qui confondait la réintégrande avec la simple saisine (ce que n'a pas remarqué Chabrol), a écrit dans le même sens que le rédacteur de cette coutume : « Petitorium et possessorium retinendæ non possunt simul intentari secùs de illo quod est recuperandæ possessionis. » *V.* t. X, n° 2, et t. XI, n° 33.

» causam possessionis perdidit a decem annis citra quia lapso
» decennio expirat omne interdictum et recurrendum est ad
» petitorium. »

L'article 3 du chapitre 4 des Chartes de Hainaut est rédigé dans un sens analogue [1], tout en renfermant une restriction remarquable de la faculté d'exercer la simple saisine :

« Néanmoins un possesseur de plusieurs années, avant le trouble ou empeschement, pourra, nonobstant l'an et jour du dit trouble passé, intenter en dedans dix ans plainte en cas de simple saisine pour revenir à la possession contre le troublant ou empeschant qui jouyra de la chose durant procès : esquelles matières de simple saisine sera préféré celuy ayant la plus loingtaine possession et anciens exploicts. Toutes fois où tel possesseur auroit premiérement intenté plainte de grief et nouvelleté de laquelle il seroit déchu, ne pourra pas après agir sinon en matière de propriété et non de simple saisine. »

D'autres autorités imprimèrent à l'action de simple saisine un caractère spécial en restreignant sa destination à la protection des servitudes et rentes.

Bouteiller disait [2] : « Et pour ce se diffèrent le cas de simple saisine et de nouvelleté et de propriété. Car simple saisine ne se doit asseoir que sur trouble de servitude et de propriété sur la chose de héritage et sous propriétaire, et sur tous deux se peut asseoir complainte de nouvelleté. »

Ailleurs le même auteur appliquait l'action de simple saisine aux tailles dues et voies accoutumées.

Charondas faisait remarquer [3] que le sens dans lequel Bouteiller avait interprété le cas de simple saisine était exceptionnel [4] :

« J'ay ci-dessus parlé, dit-il, de la simple saisine que nostre autheur semble interpreter autrement que les autres practiciens qui en ont escrit. »

Les rédacteurs des articles 98 de la Coutume de Paris et 118

---

[1] *V.* aussi art. 52, de Clermont en Beauvoisis.

[2] Liv. 1, ch. 31, *Somme rurale.*

[3] Notes sur le ch. 22 de la *Somme rurale.*

[4] La plupart des coutumes qui s'occupent de la simple saisine l'appliquent en effet à tous les droits tant de propriété que de servitude.

V. Bourbonnais, art. 95; Chartes de Hainaut, ch. 42, art. 3; Laon, coutume réformée, art. 134; Reims, art. 187; Châlons, 128 · Sedan, 263; Meaux, 218.

de celle de Valois suivirent cependant la pensée de Bouteiller [1].

Pour expliquer une diversité si grande dans la manière de définir la destination de l'action de simple saisine, il faut remarquer que la possession périodique et discontinue, comme celle des servitudes et des rentes, ne peut être véritablement assise que sur une base plus large que celle des autres droits. C'est pour ce motif, par exemple, que l'article 210 de la Coutume du Grand-Perche, de même que la Pratique Dorée de Jacobi, exigeait trois ans pour la saisine des rentes. Or l'action de simple saisine, fondée sur la possession décennale, étant appliquée à des droits de cette nature, conservait dès lors sous ce rapport une opportunité plus grande que dans toute autre sphère.

L'action de simple saisine, objet de tant de contradictions entre *les* auteurs et les coutumes qui s'en sont occupés, ne tira pas toute sa vigueur de l'exagération de cette pensée des jurisconsultes modernes que l'importance de la possession, comme présomption de propriété, repose sur sa durée; elle semble encore avoir acquis quelque autorité par le rapprochement des traditions romaines avec la transformation opérée dans la procédure de la complainte, et c'est peut-être pour cela que nous voyons Simon de Bucy cité à la fois comme l'auteur de cette transformation et comme un des jurisconsultes qui avaient accrédité l'exercice du cas de simple saisine [2].

La saisine étant regardée, en effet, comme persistant au profit de la personne dépossédée ou troublée jusqu'à ce que la possession annale l'eût transférée au nouveau possesseur, le cas même de dépossession rentrait dans l'exercice de l'interdit *retinendæ*

---

[1] L'art. 52 de la Coutume de Clermont en Beauvoisis paraît rédigé sous l'influence d'une pensée analogue. « Item le cas de simple saisine qui est pour recouvrer saisine et droict possessoire pour droict réel ou incorporel se peut intenter après l'an passé du droict possessoire perdu et jusques à dix ans il faut alléguer et montrer titre. » On voit par le procès-verbal de rédaction de la coutume que l'article avait été rédigé d'une manière plus générale, quant aux droits auxquels la simple saisine s'appliquait, et sans la nécessité d'un titre ; mais qu'au milieu du désaccord ou du silence des livres coutumiers, *la plus grande et saine* partie des états adopta la rédaction citée p. 785, t. II du Coutumier général.

[2] «Messire Simon de Bucy, qui premièrement trouva et mist sus les cas de nouvelleté, ne vouloit mie que l'on mist en actes donnez au dit cas les mots sauf la question de propriété. Car il tenoit que l'on pourroit intenter le cas de simple saisine. » (Grand coutumier annoté par Charondas, liv. 2, ch. 21.)

possessionis. Si plusieurs jurisconsultes, et la majorité peut-être d'entre eux, maintinrent toutefois la tradition de l'interdit *undè vi*, successivement transformé en *nouvelle dessaisine* et *réintégrande*, il y en eut d'autres qui se demandèrent si l'interdit *retinendæ possessionis* ayant tout envahi, le droit français ne conservait plus aucune trace de l'interdit *recuperandæ possessionis.*

Le zèle qui poussait les esprits du moyen âge à établir des analogies entre l'antiquité et les temps modernes, aussi bien dans la jurisprudence que dans les autres branches des connaissances humaines, le besoin d'appliquer aux pratiques existantes les catégories pieusement exhumées des monuments du droit romain, ne permettaient pas d'accepter avec résignation un pareil résultat.

L'action de simple saisine survivant à la perte de la possession légale devint donc naturellement, aux yeux de certains jurisconsultes, ravis peut-être d'un rapprochement aussi laborieux, une représentation française de l'interdit *recuperandæ possessionis*[1], et par conséquent un élément presque essentiel du système possessoire.

Ceux qui, avec plus d'exactitude, virent dans ce qu'ils appelèrent *réintégrande* la continuation de l'ancien interdit *recuperandæ*, tourmentés, eux aussi, du même désir de fusion, allèrent de leur côté chercher dans d'autres textes romains la généalogie chimérique de l'action de simple saisine.

Lizet, Imbert, Leschassier, ce dernier auteur de quelques pages consacrées au cas de simple saisine et reproduites en partie par Brodeau dans son commentaire sur l'article 98 de la Coutume de Paris, Laurière lui-même, commentant ce même article, s'adressèrent pour cette fin à la loi 2. D., *De condictione triticaria*, qui suppose une condiction de possession, mais exercée par le vrai propriétaire seulement.

Cette généalogie forcée ne pouvait sauver l'action de simple saisine de la désuétude qui était le résultat naturel de son inuti-

---

[1] *V.* Mazuer, §§ 5 et 32, tit. *De possessorio.*
Brodeau a repris Mazuer de cette confusion (Coutume de Paris, art. 98).
V. Klimrath, *Travaux*, etc., p. 366, t. II.

lité et de la complication de procédure qu'elle apportait avec elle.

Si le soin avec lequel s'en sont occupés, au milieu du XVIᵉ siècle, quelques rédacteurs de coutumes [1], semble devoir la faire considérer comme encore en vigueur à cette époque dans certaines localités, et si Imbert (dans la partie latine de sa Pratique) rapporte qu'elle fut proposée de son temps dans un procès dont il ne fait pas connaître l'issue, Choppin, vers la fin du même siècle, la regarde presque comme inusitée [2].

Les auteurs plus récents, tels que Charondas, sur le grand coutumier [3], Brodeau et Laurière, sur Paris, Duplessis [4], Auroux des Pommiers, sur Bourbonnais, parlent de la simple saisine comme n'étant plus en usage ni pour les fonds de terre ni pour les servitudes ou les rentes. On peut donc la considérer comme n'ayant guère survécu au XVIᵉ siècle.

Une dernière action possessoire, en usage à l'époque dont nous parlons, doit obtenir ici une mention courte et proportionnée à sa médiocre importance : nous voulons parler de la dénonciation de *nouvel œuvre*.

La *novi operis nuntiatio* du droit romain n'était point une action possessoire, mais une sommation qui entraînait avec elle la suspension obligatoire des travaux à l'occasion desquels était née la crainte d'un préjudice.

Bouteiller, dans sa *Somme rurale*, parlait de la dénonciation de nouvel œuvre dans un sens analogue à celui du droit romain, sauf quelques modifications de détail.

La dénonciation obligeait à la cessation absolue des travaux. *L'entrepreneur de l'ouvrage* qui voulait le reprendre était obligé de se constituer demandeur et le procès devait être jugé dans les trois mois; sinon le juge pouvait permettre l'achèvement de l'ouvrage en baillant suffisante caution.

---

[1] Tels que ceux des coutumes de Vermandois en 1536. *V.* le procès-verbal de la rédaction des art. 134 de Laon et 128 de Châlons.

[2] « Sed raram hodie ac prope modum insolitam hanc experiundi juris formulam transiliamus. » (*De moribus Parisiorum.*)

[3] « Messire Simon de Bucy, dit-il, trouva premièrement le cas de saisine et de nouvelleté, mais après celui intenté et jugé, on vient si on veult au pétitoire, il ne s'obserue d'intenter le cas de simple saisine. » (Liv. 2, ch. 21.)

[4] *Des actions*, liv. 1.

Bouteiller rapporte que « *selon aucuns*, il est de nécessité que cette dénonciation soit faite dedans l'an que cette nouvelle œuvre est commencée. »

La dénonciation de *nouvel œuvre* tendait déjà à se rapprocher, sous ce rapport, de la complainte ; l'assimilation s'accrut de jour en jour dans la pratique ; la dénonciation se traduisit en assignation, et Papon disait : « Vrai est que l'on y a voulu pratiquer une action nommée dénonciation de nouvel œuvre, qui n'est pas diverse du cas de nouvelleté nommé complainte. » (§ 11ᵉ, l. 8, t. de l'interdit *unde vi.*)

Cependant Papon lui-même signale une nuance entre la dénonciation de nouvel œuvre et la complainte (l. 8, t. 4, §§ 8 et 9 Arrêts Notables, de Complaintes possessoires) : « Dénonciation de nouvel œuvre est diverse de la complainte en ce que celui à qui la dénonciation est faicte est reçu, en baillant caution de remettre le tout en premier état s'il est ordonné, à faire parachever l'œuvre arresté, et ainsi fut jugé par arrest de Paris du 26 septembre 1439 pour l'édifice des moulins d'Amiens commencés à bastir sur le pont desquels le passage estoit rendu plus étroit. »

« En complainte a esté jugé au contraire par arrest de Paris du 26 novembre 1513 à sçavoir la requeste de batir en lieu contentieux en baillant caution rejettée. »

D'après d'autres jurisconsultes, tels que Charondas sur Bouteiller, il était facultatif pour le juge de décider si les travaux seraient continués moyennant caution. Cette possibilité de continuation des travaux sous caution supposait généralement comme condition particulière des travaux non encore terminés. Telles étaient les seules nuances distinctives entre la dénonciation de nouvel œuvre et la complainte.

Il est nécessaire, pour se faire une idée complète de la destinée des actions possessoires dans le droit français, de rattacher à l'histoire de leurs conditions générales, telle que nous venons de l'ébaucher, quelques détails sur les variations subies par la procédure qui concerne les principales d'entre elles.

Nous avons déjà touché ce point dans les précédents chapitres de cet ouvrage. Nous avons vu par un extrait de l'ancien Coutumier de Normandie, rapporté plus haut [1], que le complaignant obtenait un mandement du roi ou du sénéchal adressé au bailli de la localité, et à l'aide duquel il obtenait son ressaisissement. Beaumanoir nous a montré une procédure analogue. Ce rétablissement était demandé comme un acte du pouvoir exécutif auquel le bailli devait immédiatement procéder lui-même ou faire procéder par le ministère d'un sergent. Un édit de 1347, rapporté par Choppin [2], ordonnait aux justiciers du royaume de n'apporter à cette procédure aucun retard et de la terminer *uno die imo una hora*.

Les baillis dans l'origine présidaient eux-mêmes aux rétablissements.

Mais il était au-dessous de la dignité de leurs fonctions de se livrer aux déplacements fréquents qui étaient la conséquence de ce soin de leur part.

Cette mission fut donc naturellement déléguée par eux aux officiers inférieurs de justice nommés *examinateurs, huissiers* ou *sergents*. Ceux-ci durent se transporter sur les lieux, ressaisir les complaignants au cas où les auteurs du trouble reconnaîtraient leurs torts, et en cas de désaccord entre les parties, opérer le séquestre tant de la chose contentieuse que de ses fruits pendant la dernière année, mesure qui était en quelque sorte considérée dès l'origine comme inhérente aux débats possessoires [3] et qui consommait ce qu'on nommait alors le fournissement de la complainte [4].

L'auteur du *Coutumier* de Charles VI décrit ainsi cette ancienne manière d'exécuter la complainte sur le lieu [5]. « L'exami-

---

[1] *V.* ch. 6, p. 89.

[2] *De moribus Parisiorum*, liv. 3, tit. 1. Cet édit suppose déjà l'exécution des lettres royales remise par les justiciers aux sergents.

[3] *V.* la formule du ch. 65, liv. 1 des Établissements de saint Louis, qui se termine par ces mots adressés au seigneur : « Je vous prie que vous prengniez la chose en vostre main. »

[4] « Fournire querimoniam videlicet partem opponentem astringere ad restabillimentum faciendum et ponere rem contentiosam in manu regis et novitatem amovere. » (Joh. Galli., q. 59.)

Imbert définit ainsi et d'une manière analogue le fournissement de complainte : « Le restablissement des fruits des choses contentieuses l'an et jour auparavant la complainte formée et depuis entre les mains des commissaires qui sont commis séquestres des dites choses pendant le procès. »

[5] L. 2, ch. 21.

nateur huissier ou sergent qui est exécuteur du mandement ou complainte en cas de saisine et de nouvelleté, doit faire appeler les parties par-devant lui sur le lieu, et la complainte faite par le complaignant si l'autre partie en parlant se confesse dessaisie ou confesse avoir mis l'empêchement, ou qu'elle ne s'oppose point [1], l'exécuteur ressaisira le complaignant et en restablissant ostera l'empeschement et assignera jour pour voir confermer son exploit ; ne depuis la partie ne sera reçue à opposition : car si icelle partie dit que ce qu'elle a fait a esté en usant de son droit et qu'elle contende posséder la dite chose, alors par raison du débat la dite chose sera mise en la main du roy. *Et istud fit ne partes veniant ad arma vel viam facti.* » On voit par les formules renfermées dans le même recueil que le sergent informait au besoin dans la localité sur le fait de la possession (Édition de 1598, p. 409).

Il paraît, malgré le texte qui précède, qu'on ne suivait point partout l'usage d'appeler les parties sur le lieu, et alors sans doute le sergent présidait directement au séquestre.

Papon [2] dit en effet :

« On souloit anciennement séquestrer la chose contentieuse et fournir la complainte promptement et sur le lieu sans prendre cognoissance de cause et sans ouyr parties. »

Guy Pape nous rapporte à cet égard quelques nuances curieuses dans les usages locaux :

« Et quando intentatur istud remedium pars nec vocatur nec » auditur in aliquibus seneschalliis et maxime in seneschallia » Carcassonæ, sed in loco Bliterarum [3] pars vocatur sed non » auditur, Parisiis vero pars vocatur et auditur [4].

Le séquestre prononcé, le sergent exécuteur de complainte adressait son rapport au juge. Le débat se continuait devant

---

[1] C'est dans un sens analogue que nous avons interprété un passage fort laconique de Beaumanoir, *supra*, ch. 8, p. 125.

[2] Recueil d'Arrêts notables, liv. 8, tit. 4, § 4.

[3] Béziers.

[4] L'édit de 1347, rapporté par Chopin, suppose pareillement que les parties étaient appelées sur les lieux quand le sergent s'y rendait et que le sergent pouvait, même au cas d'opposition du défendeur à la complainte, exiger un ressaisissement momentané du demandeur, et immédiatement après procéder au séquestre.

celui-ci, et, si la chose prenait délai, les parties pouvaient réclamer chacune la recréance à leur profit.

La recréance, suivant plusieurs auteurs, aurait été d'abord introduite dans les matières bénéficiales [1] où elle tenait la place du séquestre qui y était rarement appliqué ainsi que nous l'apprend Lizet.

Elle fut ensuite introduite dans les matières civiles, sans doute dans le but de diminuer la longueur des séquestres.

Le Grand Coutumier la mentionne [2].

Rebuffe la considère comme une mesure alternant avec le séquestre :

« Il faut, dit-il, noter ici que ce procès de complainte a deux chefs, le premier et le second. Dans le premier, on adjuge la garde de la chose contentieuse ; si cette garde est adjugée à l'une des parties, elle s'appelle recréance ; si elle n'est pas attribuée à l'une des parties, mais à un tiers, elle prend le nom de séquestre. Le second chef est celui sur lequel chacune des parties exhibe ses titres et produit ses témoins. Le juge maintient alors en possession l'un des plaideurs, il écarte la mainmise du roi ainsi que tout autre empêchement, et c'est ce qui caractérise le plein possessoire [3]. »

La plupart des jurisconsultes ont distingué d'une autre manière les diverses parties de la procédure de complainte. Ils y ont reconnu trois chefs séparés et successifs, le séquestre, la recréance et la maintenue.

La recréance accordée à celui des plaideurs qui paraissait le plus favorable [4] n'était au reste qu'un point d'arrêt et une me-

---

[1] Ét. Pasquier (Interprétation des Institutes de Justinien) dit que le séquestre, la recréance et la maintenue sont propres au droit canonique. *V.* sur la recréance Beaumanoir, ch. 53.

[2] Dans le Grand Coutumier (p. 413), une partie qui a formé opposition à la complainte exécutée sur le lieu conclut ainsi : « Et que par vous mon opposition faicte et à son exploict soit dicte bonne et valable et que ce que par restablissement et pour le débat des parties a esté mis en la main du roy comme souverain soit mis en la main de Pierre comme de partie. Et si la chose prenoit delay que créance soit faicte audit Pierre de la chose contentieuse. »

[3] *V.* plus haut, ch. 8, p. 125.

[4] Les conditions de l'adjudication de la recréance sont réglées par le Grand coutumier dans les termes suivants :

« La recréance doit estre faite et adjugée à celuy qui a pour luy droict commun

sure provisoire nécessaire au cas où la matière n'était pas susceptible d'une décision définitive et immédiate sur la maintenue ou plein possessoire [1].

La manière de procéder en matière de complainte dont nous venons de rappeler les traits principaux laissait au sergent exécuteur de complainte le droit de préjuger jusqu'à un certain point la possession, et lui attribuait, ainsi que le dit Charondas dans ses notes sur Lizet, *cognoissance de cause*, puisqu'il pouvait recevoir les aveux des parties.

On sentit l'inconvénient d'une attribution aussi importante laissée à un officier de justice subalterne, et qui lui avait fait attribuer dans le texte d'une coutume, la qualification de *juge référendaire* en cette partie [2].

Peu à peu on modifia cet état de choses. Au temps de Lizet et d'Imbert, le sergent n'exécutait plus la commission que verbalement, et au cas d'opposition, baillait assignation pour voir procéder à la maintenue judiciaire et au séquestre réel.

Dumoulin s'exprime énergiquement à ce sujet [3]. « Hodie nil » fit nisi verbaliter et totus actus resolvitur in simplicem citatio» nem : quia hodie non exequuntur hujus modi literæ, nisi per » nudos executores imperitos et corruptibiles qui abutuntur. Sed » olim judices ipsi viri graves et experti de quibus confidebatur » locum ipsum adibant et per se exequebantur nec temere proce» debant ex una contumacia nisi justitia exigeret. Tunc enim » raræ lites erant et judicibus plus otii et adhuc sæpe in loco rem

---

et qui a intention mieux fondée, et duquel le cas est le plus favorable, comme à celuy qui traicteroit franchise, qui a plus cler droit et qui monstre tiltre et derniers exploicts et qui monstre son droict plus clérement et plus évidemment et qui dernier est trouvé saisy pourveu toutefois qu'il ne soit opposé aux exploicts de la partie. » On s'étonne, en présence de termes aussi généraux, que M. Belime ait soutenu (n° 399 de son *Traité du droit de possession*) que la recréance était exclusivement propre aux matières bénéficiales, d'autant plus que Lizet parle spécialement de son application aux matières profanes. « Et en matière prophane adjugera le dit juge la récréance à celuy qu'il trouvera avoir plus apparemment justifié son intention, tant par lettres que témoins, pour en jouir soubs la main du roy ou sous la main du seigneur subalterne pendant le procès et réservant tous dépens, dommages et intérests en la diffinitive du jugement de la maintenue. » (*Pratique judiciaire*, t. V.)

[1] *V*. Lizet, *Pratique judiciaire*, t. V.

[2] Ancienne coutume de Péronne de 1507.

[3] Note sur le *Stilus curiæ parlamenti* (c. 18 de *Causa novitatis*).

» componebant lite in suo ortu suppressa, hodie vero rebus mu-
» tatis necesse est stilum mutari. »

Charondas, sur le *Grand Coutumier*, fait remonter au XVIᵉ siècle l'époque de la suppression absolue de l'ancienne manière de procéder.

« Toute cette practique n'a plus de lieu, dit-il, et ne peut le sergent restablir ne sequestrer. Jugé par arrêt de l'an 1551, récité par Rebuffus sur les ordonnances [1]. »

La procédure de la complainte sur les lieux s'effaça ainsi d'une manière complète, et il ne resta plus d'autre mode d'exercer l'action de nouvelleté, que celui déjà pratiqué concurremment avec la procédure de complainte sur le lieu, au temps de la rédaction du Grand coutumier, l'un et l'autre comparés par l'auteur de ce livre (p. 142, l. 2, ch. 21) dans les termes suivants :

« Nota qu'il y a deux voies pour intenter le cas ou le libelle de nouvelleté ; l'une par manière de complainte comme dict est : l'autre par un simple adjournement : et y a plusieurs différences et advantages de procéder entre l'une manière et l'autre ; car en la première manière de complainte l'opposition faicte, la chose contentieuse est mise en la main du roy par le débat des parties, mais par l'autre manière, non. »

« Si par manière d'adjournement la chose est commencée, le procureur du défendeur aura advis et puis veue, mais par la complainte non ; car l'opposition faicte sur le lieu vault veue. »

Le séquestre n'était plus, dans cette manière d'agir, un élément normal du cas de nouvelleté. Il dût être demandé expressément et dans certaines conditions par le demandeur qui le jugeait utile.

Aussi Imbert dit-il : « Si le demandeur voit qu'il puisse aussi aisément jouyr que le défendeur ou que autrement le séquestre ne luy soit utile, ne le requerra. »

« Plus est à considérer, dit-il ailleurs, que l'on doit demander séquestre avant la cause contestée : car après icelle contestée, l'on n'est plus recevable à le demander ; comme il est traité au dit style du parlement en latin au tiltre du cas de nouvelleté. Et la

---

[1] Papon, dans ses *Arrêts notables*, l. 8, tit. 4, § 4, cite un arrêt de 1531 dans le même sens.

cause est que le séquestre est ordinairement prohibé de droit : et pour ce facilement l'on perd la faculté de le demander. Car aisément la chose revient à sa première nature, et l'on est veu facilement renoncer aux choses qui nous compètent et appartiennent de droit spécial. »

« D'abondant le séquestre est comme une exception dilatoire, laquelle ne se peut proposer après la cause contestée. Mais quand le séquestre a esté une fois requis par la complainte comme l'on a accoustumé, jaçoit que le défendeur ait défendu et contesté la cause quant au principal et récréance, sans faire mention du séquestre, l'on le peut demander après la cause contestée et requérir que le défendeur y défende : car c'est un chef de la complainte, et la contestation sur un des chefs ne préjudicie aux autres chefs. »

Le débat sur le séquestre constituait ainsi un incident distinct de la procédure de complainte, qui s'instruisait et se vidait d'une manière séparée. Lizet considérait la possession triennale de l'une des parties comme y mettant obstacle [1].

La recréance qui, nous l'avons dit plus haut, constituait un autre chef de complainte, était aussi ordinairement demandée simultanément au début du procès possessoire. Suivant l'ordonnance de Villers-Cotterets (art. 59), qui ne faisait en ce point que renouveler la disposition d'anciennes ordonnances, la récréance et la maintenue, autrefois séparées, et qui pouvaient donner lieu à des enquêtes distinctes [2], devaient être conduites *par un seul procès et moyen.*

---

[1] « Et quant au fournissement de complainte, s'il est requis par l'une des parties et contredit et empesché par l'autre, le juge les appointera à escrire par advertissements, à produire dedans trois jours et en droict pour tous délais. Et dedans trois jours après sera tenu de décider le dit incident de fournissement de complainte séparément et avant que donner jugement de maintenue ou de recréance.

» Et si l'une des parties allègue possession triennale en matière prophane, avant que faire droict sur le fournissement de complainte, ordonnera que la dicte partie informera du dit faict de la dicte possession triennale par témoins jusques au nombre de six suivant l'ordonnance. » Tit. V, De matières possessoires (*Pratique judiciaire*).

[2] Imbert, l. 1, ch. 16, donne une formule conçue en ces termes :

« A ceste cause conclud le demandeur à ce qu'il soit maintenu et gardé en ses dits droits possessoires et saisines, et à recréance pendant le procès comme ayant le plus clair et apparent droit à séquestre en cas de débat, et à despens, dommages et intérests.

La procédure de la réintégrande a beaucoup moins occupé les anciens praticiens que celle de la complainte, qui a été toujours d'un usage beaucoup plus fréquent.

La réintégrande se rattachait plutôt aux traditions romaines et canoniques qu'à l'ancienne action de nouvelle dessaisine absorbée en partie dans le cas de nouvelleté ; aussi n'y voyons-nous plus apparaître aucune trace de l'applégement, élément ordinaire de cette dernière procédure [1].

Les auteurs du XIVe au XVIIe siècle ont distingué seulement en ce qui touche l'exercice de la réintégrande deux voies d'action ouvertes au spolié, l'une civile et l'autre criminelle. « Cette réintégrande, dit Imbert, peut estre formée et commencée en deux manières, car l'on peut la former civilement et simplement comme une autre action civile : ou bien avoir lettres royaux ou mandemens de juge compétent addressans au premier sergent par lequel luy est mandé que, appellé un notaire avecques luy, il s'informe diligemment et secrettement de la possession et spoliation du demandeur de la chose dont est question pour, l'information faicte, estre portée ou envoyée, par lui féablement close et scellée par-devant le dict juge, pour y estre donné telle provision que de raison. Et l'information rapportée par devers les gens du roy et le juge est baillé décret d'adjournement personnel ou prinse de corps selon la qualité des excez qui ont été commis en faisant la dite spoliation et au parsus l'on y procède comme en une autre matière criminelle. »

La réintégrande intentée par la voie civile étant vidée sommairement, comme matière provisoire, ainsi que nous l'apprend Ragueau [2], elle ne donnait lieu qu'à une procédure fort simple et n'entraînait ni séquestre ni recréance [3].

Nous ne pouvons terminer nos observations sur la procédure

---

[1] V. *suprà*, ch. 8, p. 124.

[2] V. *suprà*, p. 135.

[3] Dans divers passages du Grand Coutumier, relatifs à la spoliation mobilière, que nous regardons avec Charondas comme applicables à la procédure d'aveu plutôt qu'à la réintégrande, nous voyons cependant une sorte de recréance mentionnée comme devant être accordée au demandeur sans connaissance de cause par le motif que la violence alléguée donne présomption contre le défendeur.

« La recréance doit estre faite à l'acteur (ou demandeur) sans cognoissance de cause et avant litiscontestation *scilicet in causa principali.....* et la raison est

des actions possessoires sans toucher un point sur lequel le droit français moderne s'est séparé complétement du droit romain, c'est-à-dire les relations du possessoire avec le pétitoire.

Nous savons que le droit romain reconnaissait la possibilité du concours de la revendication avec les interdits [1].

Le droit canonique suivait le même principe et il admettait dans des textes nombreux le cumul facultatif du possessoire et du pétitoire [2]. D'autres principes plus logiques prévalurent dans le droit coutumier français.

La propriété et la possession sont sans doute choses distinctes, mais il est évident que si la première est mise en question par l'une des parties, ce débat absorbe toute l'importance de la discussion du possessoire. Le texte du droit canonique, décidant que les deux procès seraient vidés par une seule sentence, mais que la décision sur le pétitoire prévaudrait dans l'exécution, sanctionnait un dualisme puéril, puisque la décision possessoire était dans ce cas destinée à rester sans effet.

Les jurisconsultes français considérant la possession comme une présomption de propriété, et par suite l'action possessoire comme une revendication provisoire, devaient arriver par une

---

que la nature d'icelle violence donne présomption contre le défendeur.» L. II, ch. 18 *De reivendication*..

La même pensée est exprimée dans le ch. 21 *Des cas de nouvelleté* avec le motif suivant : «Et est ratio potissima quod cum regularitur recredentia fieri debeat illi qui ultimo invenitur possidere et spoliatus se dicendo spoliatum confiteretur adversarium saisitum et sic semper illi de quo est querela tanquam de spoliatore, quod in dubio non est faciendum.»

[1] V. *suprà*, p. 34.

[2] Il suffit pour s'en convaincre de parcourir les rubriques suivantes de quelques décrétales :

«Si actum est possessorio et petitorio, potest judex, receptis probationibus super utroque, prius discutere possessionem super possessorio et illud terminare.» (Lib. 2, tit. 12, ch. 2, Decret. Greg.)

«Si spoliatus possessorio et petitorio simul agens possessionem et spoliationem probat sed non dominium seu proprietatem obtinet in possessorio sed succumbet in petitorio. » (Lib. 2, tit. 12, ch. 3.

«Qui agit de proprietate ante conclusionem causæ possessorio adipiscendæ vel recuperandæ agere potest ; post conclusionem vero et ante sententiam hoc non potest nisi justa causa subsit. » (Liv. 2, tit 12, ch. 5.)

«Si petitorio et possessorio simul est actum una sententia terminatur et præmittitur possessorium in terminando sed in exequendo prævalet petitorium. » (Lib. 2, tit. 12, ch. 6.)

V. aussi lib. 2, tit. 13, cap. 10. « Si actore agente petitorio reus super eadem re deducit possessorium proceditur in solo possessorio suspenso petitorio. »

nécessité logique à cette idée que le procès sur le fond du droit absorbait toute contestation possessoire, comme la présomption s'efface devant la réalité.

Aussi le bon sens de nos anciens auteurs fut-il, dès le XIIIᵉ siècle, frappé de cette vérité. Nous avons cité plus haut [1] un passage de Beaumanoir où elle est exposée avec beaucoup de force. Elle se retrouve aussi chez Desmares, qui s'exprime en ces termes dans sa 300ᵉ décision :

« Item si l'une des parties en pleidant sa cause de nouvelleté pleide sur la possession et sur la propriété ensemble, par ce elle confesse sa partie adverse estre en possession et la saisine de la chouse contentieuse et que elle en ha joy et par ce doit estre tenue et gardée en sa possession et saisine, et doit joir de la dite chouse pendant le pleid et semble que l'autre partie se départe de la possession ; car le cause de la possession doit estre traittiée avant celle de la propriété. »

On avait cependant l'usage, dans l'exercice de la complainte, d'alléguer une possession plus qu'annale. Nous le voyons ainsi dans les formules insérées à la suite du Grand Coutumier et dans la pratique d'Imbert. Ce dernier auteur suppose même que le complaignant allègue une possession immémoriale.—On ne considérait ces allégations touchant le fond du droit que comme explétives et destinées à conforter la prétention possessoire. Bouteiller voulait toutefois qu'on exprimât formellement cette réserve d'intention [2]. Mais, suivant Denisart, divers arrêts avaient décidé que ces expressions n'équivalaient point à un exercice formel de l'action pétitoire qui pût faire perdre le droit de soutenir la contestation possessoire [3].

Les opinions de Beaumanoir et de Desmares n'empêchèrent pas que le défendeur au possessoire n'eût quelquefois recours à l'action pétitoire pour retarder ainsi l'instruction du possessoire qu'il obtenait la permission de joindre à l'instance sur le fond du droit.

Les ordonnances des rois obvièrent à cet abus pratique.

---

[1] P. 121.
[2] *Somme rurale*, liv. 1, ch. 31.
[3] Vᵒ *Complainte*, nᵒˢ 27 et 28.

L'article 72 de l'ordonnance de Montils-lès-Tours, reproduit textuellement dans l'article 1ᵉʳ du ch. 9 de celle d'Ys-sur-Thylle, était ainsi conçu : « Avons ordonné et ordonnons que dorénavant ne soient bailliées lettres en noz chancelleries pour conduire le pétitoire et possessoire en matière de nouvelleté ensemble, et si par inadvertance aucunes lettres estaient octroyées au contraire, que *les juges n'y obéissent en aucune manière, et voulons que les* impétrans d'icelles soient puniz d'amende arbitraire[1]. »

L'article 9 du ch. 9 de l'ordonnance d'Ys-sur-Thylle creusa encore une séparation plus profonde entre le possessoire et le pétitoire. Cet article statue que *la partie* qui sera déchue du possessoire ne sera reçue à intenter le pétitoire que préalablement elle n'ait payé et satisfait les frais et dépens auxquels elle aura été condamnée à cause du dit possessoire. »

Nous trouverons la disposition de cette ordonnance confirmée et reproduite dans l'époque ultérieure dont l'étude doit nous conduire jusqu'au dernier état de la législation sur les actions possessoires.

Le moyen âge échappe désormais à nos regards. Nous verrons le droit comme les autres éléments de la civilisation française subir l'empreinte de ce génie gouvernemental et unitaire qui, sous Louis XIV, semble préluder à plusieurs de nos institutions modernes.

---

[1] Les Chartes de Hainaut, qui reproduisaient les prohibitions de l'ordonnance de 1535 relativement au cumul du possessoire et du pétitoire (ch. 42, art. 13), admettaient cependant le cumul du pétitoire avec l'action de simple saisine. V. *suprà*, p. 142.

CHAPITRE X.

Des actions possessoires depuis 1667 jusqu'à nos jours.

Le siècle de Louis XIV fut une époque puissante dans laquelle on vit, par suite du parallélisme des forces sociales dont l'histoire offre tant d'exemples, les progrès de la législation accompagner en France ceux des sciences, des lettres, des arts et de la civilisation. La procédure civile fut réglée par une ordonnance générale qui a devancé sous plusieurs rapports notre Code actuel. Les actions possessoires y trouvèrent leur place.

L'ordonnance de 1667 constitue donc, dans notre marche historique, un point d'arrêt naturel et que nous devions accepter, quoiqu'il soit loin d'avoir, dans l'histoire de la doctrine juridique des actions possessoires, une importance critique comparable à la date du XIIIe siècle, considérée comme point de départ de la période que nous venons d'étudier. L'ordonnance sur la procédure civile ne se rattache, en effet, à aucune révolution remarquable dans le système des actions possessoires

Elle reproduisit et consacra dans les deux premiers articles de son 18e titre la doctrine traditionnelle que nous avons retracée et qui admettait généralement l'existence distincte de la réintégrande et de la complainte[1]. Mais, malgré la précision des

---

[1] Art. 1. « Si aucun est troublé ou empêché en la possession et jouissance d'un héritage ou droit réel réputé immeuble ou universalité de meuble qu'il possédait publiquement sans violence et sans tenir la possession précairement de sa partie, il doit dans l'année du trouble intenter complainte, en cas de saisine et de nouvelleté, contre celui qui lui a fait le trouble ou empêchement. »

Art. 2. « Celui qui aura été dépossédé par force et par violence pourra demander la réintégrande, laquelle il poursuivra par action civile et ordinaire, si bon lui semble, ou extraordinairement, et par action criminelle ; mais, ayant choisi une de ces actions civile ou criminelle, il ne pourra plus varier ni se servir de l'autre. » L'article 3 du titre 17 de l'ordonnance mentionne aussi les réintégrandes parmi les matières sommaires.

termes de l'ordonnance sous ce rapport, la distinction entre ces deux actions perdit depuis une partie de la force qu'elle avait conservée dans les écrits de plusieurs auteurs de l'époque antérieure, et il y eut, peut-être à cause des lacunes de l'ordonnance sur les caractères distinctifs de chacune d'elles, une tendance marquée à les assimiler, et à ne voir dans la réintégrande qu'une espèce de complainte applicable pour le cas d'expulsion violente.

Un petit nombre de jurisconsultes resta, il est vrai [1], fidèle à cet égard aux traditions du XVIᵉ siècle; mais la plupart altérèrent plus ou moins les traits distinctifs marqués par l'ancienne doctrine entre la réintégrande et la complainte.

Si quelques auteurs continuèrent en effet à enseigner que la réintégrande s'appliquait aux meubles [2], plusieurs autres, s'attachant scrupuleusement aux traditions romaines, assimilèrent la réintégrande à l'interdit *unde vi*, et en même temps la considérant comme une branche de la complainte, eurent ainsi un double motif pour enseigner qu'elle ne pouvait avoir lieu pour de simples meubles [3].

L'autre caractère distinctif de la complainte et de la réintégrande, fondé sur la possession annale exigée exclusivement pour l'exercice de la réintégrande, ne fut pas moins obscurci sous deux rapports différents.

Il y eut en effet des jurisconsultes qui, influencés sans doute par le silence de certaines coutumes et par celui de l'ordonnance elle-même sur la possession annale, parurent ne la considérer comme nécessaire ni pour la réintégrande ni pour la complainte [4].

D'autres, au contraire, regardèrent l'an et jour de possession

---

[1] Chabrol soutenait de son érudition la vieille doctrine contre les tendances nouvelles; et, évoquant à l'appui de sa manière de voir plusieurs autorités anciennes, il disait : « La moindre possession suffit pour autoriser la réintégrande, et elle peut être exercée par un fermier même. » (Cout. d'Auvergne, t. I, p. 66.)

[2] *V.* Denisart, vᵒ *Complainte.*

[3] *V.* Pothier, de la Possession, nᵒ 108.

[4] *V.* Ferrière, sur l'art. 96 de la coutume de Paris. Cité en ce sens par Crémieu, p. 228; par Troplong, sur l'art. 2228 du Code civil, et par Bélime, p. 368, il est vrai de dire cependant que cet auteur ne fait que passer la condition d'an et jour sous silence.

Joseph de Ferrière, dans son *Dictionnaire de droit* (vᵒ *Réintégrande*), enseigne positivement que la possession d'an et jour sert de base tant à la réintégrande qu'à la complainte.

comme une condition uniforme tant de la réintégrande que de la complainte [1].

Serres et Boutaric n'indiquent entre la complainte et la réintégrande d'autre différence, sinon que celle-ci s'appliquait seulement au cas d'expulsion violente, et qu'elle avait lieu, suivant eux, même contre le propriétaire reprenant sa chose par voie de fait. Il y eut enfin des auteurs qui, comme Duplessis [2], oublièrent complétement la réintégrande ou l'absorbèrent dans la complainte. Auroux des Pommiers, continuant la confusion opérée par Mazuer, et identifiant la réintégrande avec la simple saisine, la regardait, par cela même, comme hors d'usage [3].

Tel était l'état un peu vague de la jurisprudence lorsque les innovations de la Révolution réagirent sur l'ordre judiciaire. Le décret du 24 août 1790 ne fit que mentionner *les actions possessoires* [4], sans les spécifier ni les distinguer avec précision. Le Code civil et celui de procédure civile furent plus tard successivement discutés et promulgués.

Si le premier de ces Codes eût été rédigé sur un plan de législation rigoureux et systématique, la possession y eût sans doute trouvé sa place, et la législation des actions possessoires aurait dû y être l'objet de quelques règles fondamentales, ainsi que l'avait avec raison demandé la cour de Caen [5].

Il en fut autrement. Le plan des anciennes ordonnances avait habitué les jurisconsultes à classer les actions possessoires dans les dépendances de la procédure civile, et le nom d'une action possessoire, *la réintégrande*, se trouve seulement mentionné d'une manière fugitive dans un texte du Code civil [6]. Dans l'ar-

---

[1] *V.* Rodier, Bourjon, Loisel, Coquille, Argou, cités par Crémieu, p. 230; Poquet de Livonière, l. IV, ch. 10, § 7; Coutume de Hainaut, article cité ci-dessus. Berlin (*Pratique judicaire pour les siéges subalternes de Normandie*, ch. 33) exige la possession annale pour le brief de nouvelle dessaisine comme pour le haro et la maintenue.

V. l'opinion moyenne de Poullain Duparc (Crémieu, p. 229).

[2] Des Actions, l. Ier.

[3] Sur l'art. 95 de la coutume du Bourbonnais.

[4] Il attribue dans son article 10, aux juges de paix, la connaissance «des déplacements de bornes, des usurpations de terres, arbres, haies, fossés et autres clôtures commises dans l'année, des entreprises sur les cours d'eau servant à l'arrosement des prés pareillement dans l'année, et de toutes autres actions possessoires.»

[5] Fenet, t. III, p. 459.

[6] Art. 2060.

ticle 2243, il est vrai, les législateurs, en exigeant l'annalité de dépossession pour l'interruption de la prescription, se référèrent encore aux anciens principes sur la possession légale. C'était là un principe propre au droit français ; car, dans le droit romain, l'annalité de la dépossession n'était point exigée pour constituer l'interruption.

Lors de la rédaction du Code de procédure civile, le législateur appelé à combler une pareille lacune s'est borné à parler, dans un petit nombre d'articles [1], des actions possessoires en général, et à exiger pour leur exercice la condition de possession annale sans distinguer, comme l'ordonnance de 1667, la réintégrande et la complainte.

Il est résulté du vague de cet article une controverse des plus balancées et des plus vives.

On s'est demandé si la réintégrande subsistait encore dans notre droit comme action possessoire essentiellement distincte de la complainte, ou si elle était définitivement abolie.

Dans cette discussion, un grand nombre d'auteurs distingués se sont engagés *pour* ou *contre;* l'autorité de noms tels que ceux d'Henrion de Pansey, Duranton, Garnier, Dalloz, Belime, est opposée à celle de Toullier, Poncet, Berriat-Saint-Prix et Troplong [2]. L'histoire a été fréquemment invoquée, dans ce débat, comme source de décision, et elle devait l'être en effet, puisque aucune intention positive d'innovation ne paraît avoir dominé à cet égard les rédacteurs du Code de procédure [3].

Malgré ses obscurités et ses contradictions sous le rapport qui nous occupe, le droit ancien est même sur ce point le principal flambeau des jurisconsultes modernes. La lumière équivoque du passé peut seule ici éclairer les doutes du présent.

Or, à nos yeux, un fait évident ressort de l'étude de l'ancien droit : c'est à savoir que la réintégrande, toujours peu usitée en France, maintenue cependant, au moins par l'influence de la doctrine,

---

[1] Art. 23 à 27.

[2] *V.* le résumé complet de doctrine et de jurisprudence donné par Sirey de Villeneuve, 39, p. 641. *V.* aussi Troplong, n°s 306 et suiv.

[3] M. Treilhard, faisant l'exposé des motifs du titre des Actions possessoires, s'exprimait en ces termes :

« Les dispositions de ce titre n'ont rien de contraire à celles de l'ordonnance de 1667, et n'offrent rien qui puisse être susceptible du doute le plus léger. »

jusque dans l'ordonnance de 1667, à côté de la complainte et au même rang que celle-ci, comme action possessoire distincte, avait été depuis lors, et dans les ouvrages les plus répandus, tels que celui de Pothier, considérée comme un accessoire de la complainte : l'une et l'autre étant même ordinairement assimilées, soit quant à l'exigence, soit quant à la dispense de possession annale, suivant les opinions diamétralement opposées, à cet égard, des divers auteurs[1].

Or c'est à cette manière de considérer les actions possessoires, la plus générale parmi les jurisconsultes du dernier siècle, qu'on doit se référer, suivant nous, lorsqu'il s'agit de résoudre une question d'intention de la part des législateurs de nos Codes, esprits élevés sans doute, mais cependant, il faut le reconnaître, plus versés dans le droit pratique de leur temps que dans la science rétrospective des origines de la jurisprudence.

C'est à l'ordonnance de 1667 qu'ils se sont rapportés dans le cours de leurs travaux, et on lit même dans Locré[2] ces expressions significatives, qui rappellent le point de départ de leurs préoccupations : « La section émet le vœu qu'il soit tracé des règles spéciales sur la complainte et la réintégrande, à l'exemple de ce qui avait été fait dans l'ordonnance de 1667. »

Ils ont dû, toutefois, se référer surtout à cette ordonnance, comprise et appliquée telle qu'elle l'avait été en réalité, et non telle qu'elle aurait pu l'être, si les traditions des auteurs du XVIe siècle eussent été fidèlement et rigoureusement suivies. L'esprit d'unité et l'amour de la simplicité avaient commencé, en effet, à poindre dans la vieille jurisprudence, avant de dicter la législation des Codes nouveaux. Le résultat de cette tendance avait été de faire disparaître dans les derniers temps de l'ancien régime, sinon depuis une époque aussi reculée que celle marquée par M. Troplong[3], les distinctions si facilement accrues dans le droit antérieur, par suite de cet esprit scolastique qui multipliait autrefois les noms et les divisions scientifiques sans utilité réelle[4]. On avait ainsi, dans la matière qui nous occupe, rattaché à une idée principale, celle de la complainte, le système du

---

[1] *V.* sur ce point Crémieu, p. 231 et suiv.

[2] T. XXI, p. 378.

[3] *V.* le Traité de la prescription, n° 310, et notre chapitre précédent.

[4] Imbert distinguait, comme nous l'avons vu, la *réintégrande* de l'*undè vi.*

possessoire tout entier. L'existence distincte de la réintégrande était devenue presque nominale.

L'article 23 du Code de procédure civile manifeste, suivant nous, la continuation de cette manière de voir. Quoique laconique, isolé, et par cela même d'une autorité moins décisive, ce texte paraît rapprocher implicitement la complainte et la réintégrande sous le rapport qui donnait lieu à leur caractère distinctif le plus saillant, c'est-à-dire, en ce qui touche la durée de la possession préalable à l'exercice de l'action. Il faudrait, pour échapper à cette conséquence, considérer la réintégrande comme n'étant pas une *action possessoire*, quoiqu'elle ait été constamment comprise sous ce nom par les anciens auteurs.

L'opinion qui tendrait à enter l'interprétation du Code de procédure civile sur la vieille distinction de la complainte et de la réintégrande, telle que nous avons pu la trouver chez nos auteurs du XVIe siècle, nous paraîtrait d'ailleurs poussée, sous d'autres rapports, à de véritables inconséquences.

Un des principaux caractères distinctifs de la réintégrande avait été, en effet, la possibilité de s'appliquer aux meubles comme aux immeubles.

Or, dans l'exposé des motifs du titre de la prescription, M. Bigot de Préameneu a déclaré de la manière la plus formelle que les meubles ne pouvaient donner lieu aux actions possessoires, et la jurisprudence du XIXe siècle n'a jamais, à notre connaissance, admis la réintégrande en matière mobilière [1].

Si les deux caractères qui servaient à séparer la complainte de la réintégrande, suivant l'ancienne doctrine du moyen âge, se trouvent ainsi l'un et l'autre supprimés sous nos Codes, admettrons-nous davantage, avec quelques jurisconsultes anciens, que la réintégrande ait pour caractère propre à la distinguer de la complainte son efficacité contre le propriétaire lui-même ? Non ;

---

[1] La cour de cassation, tout en admettant dans la jurisprudence la distinction de la réintégrande et de la complainte, en ce qui touche la condition de possession annale, n'a pas non plus admis que la réintégrande, sous nos Codes, pût être exercée par la voie criminelle comme sous l'ancienne jurisprudence, et elle a voulu que les tribunaux correctionnels renvoyassent aux tribunaux civils la solution de toute question de possession contestée. *V.* arrêt de rejet du 11 août 1837 ; S. Devilleneuve, 40, p. 967, et les autorités citées par cet arrêtiste. *V.* aussi Belime, n° 392.

car ces deux actions peuvent également être exercées par le possesseur annal contre le propriétaire, sauf à celui-ci à faire reconnaître au pétitoire son droit définitif sur la chose.

En vain donc trouvons-nous le nom de la *réintégrande* dans le Code civil et dans l'art. 6 de la loi du 25 mai 1838 ; nous croyons que sa distinction d'avec la complainte ne représente plus dans notre droit qu'une pure classification relative à la nature différente des troubles dont la réparation est demandée, et plutôt nominale qu'essentielle.

La suppression graduelle des deux caractères spéciaux de la réintégrande, savoir l'application aux meubles et la dispense de possession annale, innovation progressive du droit moderne en France, est, au reste, parfaitement conforme à la raison ainsi qu'à l'esprit général de notre législation.

La possession annale produit une présomption de propriété, une sorte de droit réel qui l'emporte sur toute possession d'une moindre durée. C'est en quelque sorte un droit de prescription souverain dans le *for* possessoire.

Si le possesseur annal, privé de la possession pendant quelques jours, y rentre d'une manière violente, il sera, d'après l'opinion des défenseurs de la distinction entre la complainte et la réintégrande, obligé de restituer le fonds par suite de l'exercice de cette dernière action. Le droit de la possession annale aura-t-il donc disparu? Si on est disposé à admettre l'affirmative, nous demanderons où est écrite dans nos lois une pareille pénalité? Une violence, à l'égard de laquelle il est souvent difficile de définir le degré qui la sépare du simple trouble [1], aura-t-elle pour effet de faire perdre ce droit de possession précieux qui renferme quelquefois la sauvegarde unique d'un droit de propriété couvert d'obscurité? Les prescriptions du Code pénal sont-elles donc si insuffisantes pour empêcher les actes de violence qui troublent la paix publique, qu'il faille avoir recours, pour les écarter, à une déchéance dans l'ordre du droit civil, déchéance fondée peut-être en définitive sur l'exercice de simples représailles [2]? Nous ne le pensons pas.

---

[1] *V*. Belime, nᵒ 384.

[2] M. Troplong, nᵒ 307, rappelle avec à-propos ici la vieille maxime : « In pari delicto melior est causa petitoris. »

Nous devons au contraire admettre que le droit fondé sur la possession annale subsiste malgré la dépossession violente qui a lieu plus tard; mais alors, pour conserver deux actions distinctes, nous déciderons-nous à supposer (ce qu'on a cru trouver dans la jurisprudence obscure de Beaumanoir) le cercle puérilement vicieux d'une action de réintégrande susceptible d'être amortie le lendemain de son admission par une action contraire de complainte, de sorte que le *droit de posséder* appartienne à la fois, à des degrés divers, à deux personnes différentes, et se manifeste successivement en sens inverse au profit de chacune d'elles? Non. De telles subtilités sont trop étrangères à l'esprit de notre droit moderne pour que nous puissions nous y arrêter.

M. Belime, qui accorde la réintégrande à la possession non annale, vicieuse ou précaire, résout, il est vrai, la difficulté en disant que cette action ne préjuge pas le possessoire, comme le faisait l'interdit *unde vi*, et ne constitue point une *action possessoire* proprement dite [1]; mais ne faut-il pas reconnaître, au contraire, que la tradition générale et le langage usuel auquel les rédacteurs du Code doivent avoir naturellement entendu se conformer, rangent la réintégrande parmi les actions possessoires [2], et protestent contre la théorie ingénieuse, mais sans fondement, du jeune professeur trop tôt enlevé à la science?

La réintégrande, comme action possessoire dispensée de la condition de possession annale, ne pourrait donc être justifiée et utilement comprise qu'en la supposant employée contre les tiers non investis déjà d'une possession antérieure à celle du spolié. Alors, en effet, il semble juste que le spoliateur qui envahit le fonds qu'il n'avait jamais possédé ne puisse opposer au demandeur en réintégrande son défaut de possession annale. Est-ce là, toutefois, une différence sérieuse entre les deux actions de complainte et de réintégrande? Nullement, à nos yeux. Quoique la question soit controversée, et que M. Troplong soit même au nombre des auteurs qui pensent d'une manière différente [3], nous croyons qu'il est dans le véritable esprit de la législation fran-

---

[1] *V.* le chap. 8 ci-dessus.
[2] *V.* cependant Ragueau, p. 85, *suprá.*
[3] Prescription, n° 312.

çaise de n'exiger la possession annale pour l'exercice de la complainte que contre le précédent possesseur.

La loi a eu en vue, en effet, le cas le plus fréquent, celui d'une possession disputée entre des voisins qu'elle sépare, et, à leur égard, elle a voulu qu'au milieu des vicissitudes possibles de leurs actes respectifs, la dernière occupation annale fût prépondérante, comme supposant de la part du précédent détenteur un consentement tacite à la translation de possession en faveur de son adversaire. C'est en ce sens que Faber a considéré la possession de la dernière année comme préférable, entre deux possessions qui semblent concourir. *Ille est potior qui possidet de facto ultimo anno.* Ces derniers mots nous révèlent ainsi la pensée d'un des premiers auteurs qui aient mentionné la règle de l'annalité en pareille matière, et qui aient constaté sa signification pour ainsi dire à son berceau. Malgré sa rédaction imparfaite, l'article 23 du Code de procédure civile ne peut être opposé à ce point de vue, à nos yeux le plus rationnel dans l'application de cette règle de la possession annale; point de vue adopté depuis Faber par une série de jurisconsultes célèbres [1]. Comment celui qui n'aurait jamais possédé un immeuble pourrait-il en troubler impunément le possesseur, uniquement parce que ce dernier n'aurait pas acquis l'an et jour de jouissance? Nous assimilons donc de tous points, sous le rapport de la possession annale, la réintégrande avec la complainte [2].

Quant à la suppression tacite, mais généralement reconnue [3], de toute action possessoire en matière de meubles, on doit attribuer d'abord cette innovation du droit français moderne au mépris de la propriété mobilière, qui déjà sous l'ancienne jurisprudence avait fait exclure la complainte en matière de meubles, et qui, dans diverses coutumes, avait conduit à réunir le

---

[1] *V.*, dans ce sens, Bourjon, Duparc Poullain, Boucheul, Merlin et d'autres auteurs cités par Belime, n° 347. « La possession non annale, dit très-bien Merlin, Questions de droit, v° *Complainte*, n'est insuffisante que contre le possesseur d'an et jour qui vient troubler le possesseur du moment. »

[2] *V.*, dans le même sens, Crémieu, n° 252, et Alauzet, p. 70 et suiv.

[3] On peut consulter cependant, à titre de protestation quelquefois ingénieuse contre cette opinion générale, le travail de M. Renaud, privat docent à Berne, qui s'efforce d'établir la possibilité d'appliquer soit la réintégrande, soit la complainte, en matière de meubles.
Kritische Zeitschrift, t. XVII, p. 168.

possessoire et le pétitoire pour les objets mobiliers, en une procédure simple connue généralement sous le nom d'*aveu*.

Les meubles ne pouvaient donc plus être l'objet que d'une action en réintégrande, là encore seulement où l'*aveu* n'avait pas absorbé et remplacé ce mode d'action relatif aux meubles. Mais la réintégrande s'étant, depuis le XVI⁰ siècle, rapprochée de plus en plus de la complainte, nous avons vu Pothier, ce jurisconsulte si accrédité, refuser à l'une comme à l'autre de ces actions toute application aux objets mobiliers. Les rédacteurs de nos Codes ont suivi la doctrine de ce jurisconsulte. Indépendamment de cette grave autorité, le principe de l'article 2279 du Code civil, admis seulement par quelques anciens auteurs, et consacré par le droit français moderne dans le sens suivant : *En fait de meubles, possession non vicieuse et de bonne foi vaut titre*, aurait suffi peut-être pour faire introduire dans notre jurisprudence l'exclusion des actions possessoires en matière mobilière.

Il résulte en effet de cette règle du Code, que la possession des meubles, qui serait suffisante pour l'exercice des actions possessoires, l'est aussi presque toujours pour l'exercice de l'action pétitoire à l'égard de ces mêmes meubles, ce qui rend l'instance possessoire inutile [1].

---

[1] Si la règle de l'article 2279 souffre une exception relativement aux choses volées et perdues, qui sont pendant trois ans susceptibles de revendication, il serait facile de démontrer qu'il ne résulterait pas, dans le cas de cette exception, une utilité sérieuse pour le possesseur d'un meuble qui s'en verrait spolié, de l'exercice de l'action possessoire isolée de l'action pétitoire.

Et d'abord ce n'est pas le propriétaire qui peut être supposé dans le cas d'exercer l'action possessoire. L'article 2279 suppose en effet qu'il est privé de la possession par suite de perte ou de vol.

Quant au tiers possesseur sujet à l'action de revendication, de quelle utilité lui serait l'action possessoire contre le propriétaire qui viendrait le troubler ou le dépouiller ?

Le rétablissement de sa possession imposerait seulement au spoliateur l'obligation de se constituer demandeur au pétitoire, et de prouver en cette qualité son titre de propriété, ainsi que le fait de vol qui en conserve pendant trois ans l'effet contre les tiers. Or, en se portant immédiatement demandeur au pétitoire, le spolié n'apporterait aucune modification qui lui fut préjudiciable à cette attribution dans l'obligation d'administrer les preuves.

Quoique défendeur au pétitoire, le spoliateur n'en serait pas moins en effet obligé de prouver son droit préexistant de propriété, et de plus le fait du vol.

Sa nouvelle possession vicieuse ne lui permettant pas en effet d'invoquer l'art. 2279 du Code civil, ce serait au contraire le spolié qui aurait en sa faveur la présomption consacrée par cet article. Le spoliateur, quoique défendeur, devrait donc établir l'existence à son profit des conditions formulées dans le second paragraphe de

L'identité des conditions de la complainte et de la réintégrande, résultat progressif de l'esprit d'unité et de simplicité rayonnant dans le système de la défense possessoire en France, nous paraît donc avoir en définitive une origine rationnelle et logique, par rapport aux principes généraux de notre législation moderne.

Quant à la dénonciation de nouvel œuvre, dont il a été dit quelques mots dans notre précédent chapitre, nous savons qu'au temps de Papon elle tendait à se confondre avec la complainte. Depuis lors divers auteurs marchèrent dans cette voie [1]; cependant on distinguait souvent ces deux actions, en ce sens que la dénonciation ne pouvait s'appliquer qu'à des travaux en cours d'exécution, et qu'on pouvait continuer moyennant caution. Postérieurement au Code, la jurisprudence de la cour de cassation a maintenu pendant quelques années, sous l'influence de M. Henrion de Pansey, et notamment dans un arrêt du 25 mars 1826, la distinction de la dénonciation de nouvel œuvre et de la complainte sur ce fondement.

Elle est revenue plus tard sur cette jurisprudence, et, d'un autre côté, quoique l'article 6 de la loi du 25 mars 1838 sur la compétence des juges de paix, ait nommé spécialement les dénonciations de nouvel œuvre parmi les actions possessoires dont le juge de paix doit connaître, cette même loi semble, d'après les termes dont elle se sert, la confondre virtuellement avec la complainte; car en ordonnant au juge de paix de connaître *des dénonciations de nouvel œuvre*, elle a soin d'ajouter ces mots : *fondées sur des faits commis dans l'année*, ce qui semble supposer des faits accomplis, et non pas simplement des travaux commencés [2]. D'autre part, M. Troplong [3] professe avec

---

l'art. 2279. Il se trouverait ainsi, comme toute partie qui invoque une disposition adaptée à une situation exceptionnelle, obligé d'établir la réalité de cette situation.

Telle serait au moins notre manière d'interpréter (dans ce cas hypothétique, pour ne pas dire imaginaire), l'art. 2279 du Code civil, objet de controverses si graves entre les jurisconsultes, et qui théoriquement eût été digne de plus grands développements de la part du législateur. Mais les procès relatifs aux meubles sont si rares, même au milieu des développements modernes de la richesse mobilière, que le législateur semble avoir traité cette matière avec une sorte de dédain en partie mérité.

[1] *V.* Troplong, n° 316.

[2] *V.*, en ce sens, Belime, n° 363 et 364, et le discours de M. Dubouchage à la chambre des pairs.

[3] N° 318, 3ᵉ édit., p. 444.

raison que le juge ne peut autoriser le défendeur à continuer ses travaux moyennant caution, et ainsi l'assimilation de la dénonciation de nouvel œuvre avec la complainte paraît consommée. Cependant ce même écrivain considère la dénonciation de nouvel œuvre comme propre seulement à arrêter les troubles imminents mais non réalisés, de telle sorte que, pour employer ses expressions, *la simple inhibition de continuer les travaux* serait le terme de cette action essentiellement préventive [1]. Remarquons que cette opinion est antérieure à la loi de 1838. Mais sous ce rapport encore, et au point de vue adopté par l'illustre jurisconsulte, la dénonciation de nouvel œuvre se rattache aux traditions primitives de la complainte. Dans l'ancienne jurisprudence, cette dernière action s'appliquait en effet au trouble verbal, et à plus forte raison à des travaux tels que ceux indiqués par M. Troplong [2].

Nous avons parcouru les développements et les transformations successives du système de la défense possessoire depuis les anciens jusqu'à nos jours [3]. Si l'on veut résumer les traits principaux des mutations qu'il a subies, et dont nous avons cherché à suivre le fil délicat à travers tant de vicissitudes historiques, on est amené à les concentrer dans trois résultats capitaux :

La notion de la possession a reçu, d'abord, par la condition de l'annalité, une définition plus sérieuse, un caractère plus fixe, et en quelque sorte un type légal qui rehausse l'importance du possessoire et en fait le flambeau précurseur de l'instance pétitoire [4]. La possession assise sur une pareille base constitue une présomption de propriété plus sûre que dans les conditions du droit romain.

En second lieu les deux instances possessoire et pétitoire ont été

---

[1] N° 325.

[2] Par exemple sous le n° 320 (de la Prescription).

[3] Il est inutile de dire que nous n'avons dû comprendre, dans aucune partie de ce travail, rien qui se rattachât à ce que les Romains appelaient les interdits *adipiscendæ possessionis*. Comme Savigny l'a très-bien expliqué § 35, « les interdits *adipiscendæ possessionis*, ne se lient d'aucune manière à la notion des actions possessoires; » en outre ces interdits n'ont pas été continués dans notre droit moderne. L'action *en délivrance* de legs, malgré sa dénomination en quelque sorte *possessoire*, est l'inverse de l'interdit *quod legatorum*.

[4] « Possession vault moult en France encores qu'il y ait du droit de propriété entremeslé. » (Loisel.)

séparées et assujetties à une subordination respective qui dérive de leur convergence vers un même but : la manifestation du *droit*, auquel elles concourent avec des degrés d'efficacité différents.

Enfin la défense de la possession, organisée par le droit romain en un assez grand nombre d'interdits distincts, a été ultérieurement résumée dans un nombre beaucoup moindre d'actions possessoires, dont les conditions ont été successivement rapprochées et confondues, de manière à n'en plus laisser en quelque sorte subsister aujourd'hui qu'une seule : la complainte, à laquelle la réintégrande et la dénonciation de nouvel œuvre se rattachent comme des rameaux à peine distincts du tronc principal [1].

Ce long et progressif mouvement de concentration et d'unité, qui se découvre entièrement au terme de notre route, quelquefois si obscure, à travers les siècles, jettera peut-être pour l'observateur attentif, au milieu du tableau aride et compliqué que nous avons cherché à reproduire, une image intéressante et presque inattendue de mouvement et de vie.

---

[1] Sur le maintien de la recréance dans le droit moderne, *V*. Troplong, n°s 329 et 330.

CHAPITRE XI.

De l'effet des actions possessoires pour la protection de la propriété.

Les recherches auxquelles nous nous sommes livré relativement à l'histoire des actions possessoires, et que les nécessités du sujet ont rendues peut-être longues au gré du lecteur, sans toutefois nous permettre de les regarder comme complètes, ne marquent point définitivement le terme de notre tâche.

Sans doute elles constatent un résultat d'une haute importance. Les interdits du droit romain se sont reproduits dans le droit français, en s'y transformant et s'y perfectionnant. La jurisprudence moderne, comme celle de Rome antique, a consacré l'institution des actions possessoires, et la variation même des formes qu'elles ont affectées et des circonstances au milieu desquelles elles se sont développées, semble n'attester qu'avec plus de persévérance et de force l'existence d'un besoin social incessant et profond auquel elles répondent.

Constater la haute antiquité d'une institution, ne suffit point toutefois pour démontrer sa nécessité ou son utilité présente. On ne peut nier en effet ni les variations de l'état social et des besoins qui y correspondent, ni l'existence pour les peuples de moyens très-différents de répondre à des instincts souvent identiques. Enfin l'histoire des législations, qui nous montre quelquefois l'influence de l'esprit d'imitation poussé jusqu'à une routine aveugle, ne permet pas de généraliser d'une manière absolue l'induction qu'il semblerait naturel de tirer de la longévité de certaines institutions.

L'action possessoire serait-elle aussi, dans nos lois actuelles, une imitation capricieuse ou une tradition surannée? N'a-t-elle pas, au contraire, une raison d'être en quelque sorte nécessaire et aussi impérieuse au moins que le besoin de défense reconnu pour la propriété elle-même?

Les considérations que nous avons précédemment développées sur le fondement logique des actions possessoires, répondent en partie à cette question.

Nous avons sommairement indiqué les motifs sociaux dont le système de la défense possessoire tire son origine. Il est bon de compléter cette démonstration, que diverses objections ont pu de temps en temps obscurcir, et après avoir décrit en quelque sorte les racines et le développement historique de l'institution, d'étudier ses effets propres, et pour ainsi dire sa solidité future.

Si la possession est à la fois l'émolument direct, le germe producteur, et quelquefois enfin le critérium suprême du droit de propriété, n'est-il pas évident qu'un fait d'une pareille importance renferme une efficacité digne de protection, et que la propriété elle-même est considérablement intéressée à sa défense?

Négligeons, en effet, ces cas exceptionnels où la possession et la propriété sont placées dans des mains différentes, et dans lesquels le propriétaire doit presque toujours imputer à son inertie ou à sa négligence la perte de la possession, qui était le corollaire ou quelquefois même le principe de son droit supérieur.

Dans les situations ordinaires, nous l'avons dit, la possession est la manifestation et en quelque sorte la vie extérieure du droit lui-même. Isolée de la possession, ou exercée par une possession incertaine et troublée, la propriété perdrait pour l'homme la plus grande partie de son prix et des avantages qui lui donnent une si grande place dans les intérêts qui dominent nos pensées et conduisent ordinairement nos actes.

En vain le propriétaire aurait-il cultivé et ensemencé le sol, il pourrait continuellement redouter qu'un envahissement imprévu ne lui enlevât le prix de ses sueurs. Sans une protection efficace pour la possession, la sécurité de l'agriculture, la confiance prévoyante, qui est la condition et l'encouragement de ses travaux, seraient exposées à de continuels démentis. La force seule pourrait maintenir le cultivateur dans la jouissance du champ de ses pères, et son arme ne devrait jamais rester éloignée de sa charrue.

Au milieu d'une société ainsi livrée à des luttes individuelles ou collectives sans terme, le droit de propriété serait réduit en fait à une abstraction inutile.

On répondra peut-être que les lois pénales réprimeraient les actes de violence, et que leur influence intimidatrice pourrait arrêter certaines entreprises brutales et adoucir le tableau de cette anarchie dont nous dévoilons la perspective.

L'observation est juste, à un certain degré, et nous devons même supposer que les peuples chez lesquels la législation civile n'a pas protégé soigneusement la possession, ont obvié par leurs lois criminelles aux plus graves inconvénients parmi ceux que nous venons de signaler. Mais il est aisé de voir qu'en arrêtant ces entreprises brutales, qui blesseraient pour ainsi dire la propriété au cœur et détruiraient la sécurité des personnes, la législation pénale ne saurait écarter ces agressions sourdes qui entament la propriété en quelque sorte dans ses membres, et qui la minent en détail sans attaquer directement le siége de sa vie. Ces atteintes, dissimulées quelquefois sous l'exercice d'un droit légitime, complétement inoffensives pour la personne du propriétaire, et placées par conséquent en dehors du cercle des lois criminelles, n'en sont pas moins dangereuses pour la propriété que les lois civiles doivent protéger.

Les droits réels reposent le plus souvent sur des titres, et il est rare que la mauvaise foi elle-même trouve dans des actes étrangers à la propriété contestée et sans application légitime à son égard, des arguments assez spécieux pour ébranler les bases véritables sur lesquelles le bon droit repose. Les procès d'éviction ne constituent donc pas les dangers les plus ordinaires qui environnent une propriété légitimement acquise. C'est du côté de la possession que la propriété est surtout vulnérable et qu'elle est le plus souvent attaquée.

Assujettie à des confins nombreux qui se multiplient par les morcellements successifs des héritages, la propriété immobilière est en quelque sorte, sur toute sa circonférence, un objet de convoitise plus ou moins ardente de la part de ceux qui l'avoisinent. Ce fait se remarque surtout dans les pays de petite propriété, où l'agriculteur, attaché au sol par les liens du besoin, de l'habitude et de l'affection, applique souvent les ressources de son activité et de son esprit à accroître son patrimoine foncier, par les divers moyens que les circonstances où il se trouve et le degré de moralité qui lui appartient, le rendent capable de concevoir et de réaliser.

Supposons des cultivateurs animés de ces préoccupations, et dont les champs environnent une terre possédée par un fermier négligent; bientôt ils auront reculé, aux dépens de cette propriété, les limites de leurs héritages.

Autant, en effet, les convoitises de la proximité rurale sont ardentes et tenaces, autant leur réalisation sous diverses formes présente le plus souvent une attrayante facilité. Tantôt c'est une borne insensiblement reculée, tantôt un cours d'eau refoulé au détriment de la propriété placée sur la rive opposée, tantôt enfin une servitude lentement usurpée. Des faits semblables se reproduisent trop souvent dans nos campagnes, et ils s'accomplissent d'autant plus aisément qu'ils peuvent se dissimuler sous les apparences de la bonne foi et de la méprise.

Rarement battue en brèche de front et d'une manière ouverte, la propriété est ainsi fréquemment minée par des atteintes indirectes et silencieuses.

La législation civile doit fournir les moyens d'arrêter des agressions aussi funestes à un droit sacré, et d'étouffer dans leur principe les prescriptions qui le menacent.

On peut concevoir sans doute que le propriétaire lésé par de pareils empiétements trouve dans ses titres et dans la manifestation explicite de son droit des éléments suffisants pour réprimer les agressions auxquelles il est en butte.

Mais on doit reconnaître en même temps que l'obligation d'établir la propriété, pour obtenir la répression d'un trouble léger dans la possession, compliquerait et ralentirait singulièrement la condamnation des usurpations auxquelles nous faisons allusion. D'un autre côté, cependant, aux yeux de la logique la plus sévère, une présomption de droit telle que la possession doit, jusqu'à preuve contraire, être une base suffisante de défense contre des voies de fait qui ne sont aucunement justifiées.

Une procédure fondée sur la possession, et tendant à son simple maintien, est donc ici plus convenable, plus pratique et non moins rationnelle qu'une véritable action pétitoire. L'action possessoire nous révèle déjà, sous ce point de vue, son utilité.

Mais d'autres considérations plus graves encore doivent arrêter notre attention.

Il arrive souvent que la possession est l'unique et immédiate garantie de la propriété elle-même.

Il n'est en effet personne qui, s'étant un peu occupé de la pratique des affaires judiciaires, ne sache que dans certaines questions de propriété, et particulièrement de bornage, les magistrats trouvent en présence des titres si ambigus et si obscurs, que la possession reste pour eux le seul motif déterminant de leur décision en faveur de l'une ou l'autre des parties.

Dans des cas semblables la possession, qui n'est souvent partout ailleurs qu'une présomption de propriété, devient le palladium de la propriété elle-même. La défense de la possession s'identifie alors avec celle du droit qu'elle manifeste, et dont elle est devenue la preuve unique et la garantie dernière.

Si la possession n'était investie, dans des cas semblables, d'une protection légale, si elle pouvait être le jouet de la surprise ou de la violence, non-seulement la propriété serait paralysée dans son exercice, menacée dans sa conservation future, mais encore immédiatement compromise dans son existence même, en ce sens qu'un simple déplacement de la possession changerait l'issue du débat pétitoire. Le propriétaire dépossédé qui, dans un pareil cas, engagerait un débat sur le fond du droit avant d'avoir fait rétablir ou constater sa possession, risquerait de perdre, par cela seul, sa propriété elle-même.

Dans toute législation où la possession joue dans les débats judiciaires le rôle juste et naturel que les législations romaine et française lui assignent, l'action possessoire, que nous avons déjà reconnue si avantageuse sous un autre rapport pour repousser promptement les entraves apportées à l'exercice des droits sur les choses, nous apparaît donc comme étant même indispensable à la défense de la propriété, car le sort et le *criterium* même de l'instance pétitoire peuvent résider en elle.

Malgré la distinction du pétitoire et du possessoire reconnue dans la législation, la juridiction qui concerne ces deux instances peut, à la rigueur, être concentrée entre les mains des mêmes juges, et il en a été longtemps ainsi dans le cours de l'histoire du droit français. Mais la différence considérable qui existe entre les objets de chacune des actions possessoire et pétitoire semble convier le législateur à leur donner de préférence des juges, des règles et des formalités *spéciales*. C'est ce qui a été particulièrement réalisé dans le dernier état de notre organisation judiciaire. La connaissance des actions possessoires y a été, en effet, dévolue exclusivement depuis 1790 aux juges de paix en premier ressort et aux tribunaux civils d'arrondissement pour le second degré de juridiction.

Nonobstant les observations que nous avons développées sur l'utilité et même la nécessité d'une décision possessoire distincte du jugement sur le fond du droit, observations qui se présentent naturellement à quiconque réfléchit assez mûrement sur l'importance de la possession dans notre droit civil, la séparation du possessoire et du pétitoire peut donner et a effectivement donné lieu, particulièrement sous la forme qu'elle a revêtue dans notre système judiciaire actuel, à des objections spécieuses dont nous devons rechercher le mérite.

En présence de certains exemples de procédures opiniâtres et ruineuses, et aussi de quelques résultats extraits de la statistique judiciaire, recueillie aujourd'hui avec un zèle si intelligent, des esprits noblement désireux de simplicité et de réformes se sont abandonnés aux réflexions suivantes, que nous analyserons sans leur ôter, s'il nous est possible, rien de leur force :

« La création de deux degrés de contestations en matière immobilière, a-t-on dit, n'a-t-elle pas pour résultat le plus net de donner lieu à deux procès au lieu d'un, sauf même à en faire naître quelquefois un troisième relatif à la fixation de la juridiction? Les complications, les longueurs et les frais des luttes judiciaires n'en sont-ils pas considérablement augmentés?

» Il vaudrait mieux, sous ce point de vue, laisser la possession à celui qui jouit, et plaider sur-le-champ au principal. Le litige se réduirait ainsi à une seule instance; et si quelques mesures conservatoires étaient jugées indispensables, l'appréciation en serait laissée au juge du pétitoire. Ainsi disparaîtraient encore les contestations quelquefois nécessitées aujourd'hui par l'incertitude des limites entre le possessoire et le pétitoire.

» A l'accroissement fâcheux du nombre des procès résultant de la distinction des deux genres d'actions, ne faut-il pas, a-t-on dit encore, joindre un autre inconvénient résultant de la facilité avec laquelle on se jette dans ces débats possessoires qui, grâce à leur simplicité, à la modicité des frais qu'ils entraînent et au rapprochement du juge qui doit les décider, deviennent ainsi le préliminaire presque obligé de tous les débats pétitoires? N'est-ce pas là la cause du nombre de procès possessoires, *immense et hors de toute proportion avec l'exercice des autres natures d'actions?* »

Telles sont les objections qui ont été produites ou indiquées contre la séparation légale du possessoire et du pétitoire. M. Bérenger les a consignées dans un rapport sur la statistique de la justice civile, lu en 1835 à l'Académie des sciences morales et politiques [1].

Quelque graves que soient ces observations, soit en elles-mêmes, soit par le nom éminent de l'auteur qui en les formulant a paru les adopter dans une certaine mesure, bien qu'elles signalent avec raison un défaut évident de précision dans notre législation relativement aux limites du possessoire et du pétitoire [2], il nous paraît facile de démontrer les conséquences fâcheuses du système d'innovation qu'elles semblent appeler, et en même temps d'établir l'injustice des reproches adressés au système actuellement pratiqué, à raison d'inconvénients qui, tenant à la nature des choses plus qu'à ce système lui-même, survivraient probablement dès lors à toutes les réformes.

---

[1] *V.* le premier volume des Mémoires de cette Académie, p. 479, et aussi l'Introduction de l'ouvrage de Belime.

[2] Il ne paraît pas, du reste, qu'un très-grand nombre de procès soient relatifs à la fixation de la compétence entre le possessoire et le pétitoire; on peut le supposer, au moins d'après le chiffre des procès de cette nature portés devant les cours d'appel, qui paraît être au-dessous de 2 en moyenne pour toute la France (Il y en a eu 14 de 1840 à 1847 inclusivement).

D'abord, comme nous l'avons déjà indiqué, l'action pétitoire dans laquelle on voudrait absorber le débat possessoire, serait un remède mal approprié à la répression des simples troubles relatifs à la possession. Une action qui, dans notre organisation judiciaire actuelle, appelle le justiciable devant un tribunal souvent éloigné du lieu de son domicile, et qui en outre donne lieu au ministère des avoués et à des procédures coûteuses et prolongées, soit par leur nature et les incidents qu'elles soulèvent, soit par les retards de l'arriéré dans les rôles des tribunaux, est par cela même d'une importance disproportionnée avec la simplicité de la question que soulèvent le plus souvent les débats possessoires. Ces circonstances, propres à décourager celui qui aurait à se plaindre d'un trouble peu grave causé à sa possession, rendraient la poursuite d'autant moins redoutable à l'auteur de l'empiétement. Si, dans des cas plus importants, nous supposons un homme insolvable et de mauvaise foi détenteur d'un héritage appartenant à autrui, n'est-il pas naturel d'imaginer qu'il fera tous ses efforts pour prolonger le débat dont l'issue doit amener le terme d'une jouissance illégitime et usurpée? Et l'action pétitoire intentée contre lui n'offrira-t-elle pas souvent plus de ressources à son esprit de chicane qu'une simple action possessoire conforme au système actuel? La question n'a pas évidemment besoin de réponse.

L'action pétitoire, qu'il serait injuste d'imposer au propriétaire troublé dans sa possession, et auquel on ne saurait refuser le droit de se retrancher dans la présomption légale que fonde en sa faveur cette même possession, serait donc en outre un instrument mal adapté aux besoins simples et urgents que comporte souvent l'intérêt de la propriété menacée par de légères attaques.

C'est là une observation qui ne semble point avoir été suffisamment prévue peut-être par le savant auteur des réflexions adressées à l'Académie des sciences morales sur le sujet qui nous occupe et que nous avons analysées plus haut.

On aurait tort en effet de se préoccuper uniquement, dans un plan de réforme sur cette matière, du cas où les plaideurs sont destinés à parcourir les deux juridictions du possessoire et du pétitoire, circonstance que la justice ne peut discerner d'avance lorsque le litige s'engage, et qui n'est certes pas la plus fréquente, puisque le nombre des procès possessoires paraît fort supérieur à celui des procès pétitoires, qui en sont la suite.

Il suffit, pour mesurer approximativement ce rapport, de remarquer qu'en 1843, d'après la statistique de la justice civile en France, les juges de paix ont rendu 19,065 jugements possessoires, tandis que les tribunaux civils n'ont prononcé que 5,101 jugements relatifs à l'application du livre II du Code civil. Or ce livre renfermant les principes de la propriété, du bornage, des servitudes, et en résumé de toutes les matières dans lesquelles l'action possessoire trouve son application, il est naturel de penser que les procès pétitoires précédés d'instances possessoires rentrent généralement dans cette catégorie, laquelle cependant, prise dans son ensemble, égale à peine en nombre le quart des contestations diverses portées devant le juge du possessoire.

Le cas prévu par M. Bérenger est donc, relativement rare, et la portée de ses réflexions en est d'autant plus restreinte. Mais dans l'hypothèse même qu'ont embrassée les raisonnements du savant magistrat, le système qu'il a indiqué épargnerait-il des involutions de procédure, qu'on puisse considérer comme l'inconvénient exclusif de l'état de choses actuellement en vigueur?

Il est difficile de le penser, au moins d'une manière absolue. En effet, dans le cas que nous supposons, et alors même que les parties ne pourraient intenter l'action possessoire qu'avec la certitude d'arriver plus tard à un autre débat, il adviendrait fréquemment que le procès spécialement relatif à la possession, un instant évité, renaîtrait des nécessités et des lenteurs de l'instance pétitoire.

Souvent, ainsi que nous l'avons déjà fréquemment répété, la détermination exacte et l'attribution de la possession sont des éléments importants et même décisifs du fond des contestations relatives aux immeubles. Les tribunaux saisis par la voie pétitoire de difficultés semblables, seraient donc obligés d'ordonner, avant faire droit, une instruction relative à la possession. Or ce jugement interlocutoire, et l'enquête qui en deviendrait la suite, ne seraient certainement pas moins dispendieux que l'instance possessoire ne l'est aujourd'hui, au moins dans son premier degré de juridiction, qui, pour les 19/20 de ces contestations, est en réalité le dernier[1].

Supposons même qu'il n'y eût pas lieu à un jugement interlocutoire prononcé dans le sens que nous indiquons, la nécessité de constater la possession d'une manière juridique pourrait résulter encore d'un autre motif. Lorsque le procès traîne en longueur, et que le parcours des deux degrés de juridiction occasionne des délais considérables, la possession ne peut, en effet, si les parties sont en désaccord sur son attribution, rester flottante et sans règle. Il faut, dit-on, laisser en ce cas la possession à *celui qui jouit;* mais si les deux parties se prétendent en jouissance, comment décider cette question préalable sans avoir recours à un *avant faire droit* vraiment possessoire?

Comment surtout résoudre cette difficulté si, restant fidèles aux bases traditionnelles de notre jurisprudence française, nous avons à rechercher celle des parties qui a, respectivement à l'autre, la possession annale. Les mêmes questions à résoudre, les mêmes moyens d'instruction pour y parvenir, la compétence seule changée, de manière à rendre les enquêtes plus coûteuses, par la distance plus grande entre le domicile des témoins et le siége des juges, ainsi que par l'assistance nécessaire des officiers ministériels, tels seraient, dans beaucoup de cas, les insignifiants résultats, nous n'osons pas dire les *améliorations* illusoires de la réforme indiquée.

En résumé, s'il s'agit de procès où le pétitoire doive naturellement être abordé sans possessoire préalable, tout changement est inutile. Quant à ceux que l'instance possessoire doit éteindre, la réforme serait nuisible et accroîtrait les frais, en obligeant les parties d'entamer la contestation pétitoire.

Enfin, lorsque le possessoire et le pétitoire doivent être parcourus d'après les habitudes de la procédure actuelle, la réforme n'aurait d'avantage certain que dans les cas rares où le juge pourrait décider promptement le pétitoire, sans aucun retard ni aucune mesure interlocutoire, sans application de titres ni ex-

---

[1] En 1843, sur 19,065 jugements possessoires, 909 seulement ont été frappés d'appel. V. *Revue de législation*, t. II de 1845, p. 237.

Les appels sont surtout formés, en cette matière, dans les cas où le possessoire emporte le pétitoire à cause de l'obscurité des titres.

pertise, et en négligeant tout examen de la question possessoire.

On a signalé, nous l'avons dit aussi, la grande quantité des procès possessoires. En effet leur nombre est assez considérable, et paraît même dans une proportion à peu près constante avec le nombre des affaires portées devant les juges de paix [1], mais que prouve ce nombre, sinon la multiplicité et la variété des attaques dont la possession est l'objet, et, loin de montrer le désavantage d'un système spécial de juridiction pour ce genre d'actions, n'est-il pas au contraire la plus haute manifestation de son utilité [2]?

Sans doute on peut admettre que quelques-uns de ces nombreux procès ne seraient pas portés devant les juges du pétitoire s'ils pouvaient seuls en connaître. Telle pourrait être, au moins dans notre organisation judiciaire, la conséquence de la situation du tribunal d'arrondissement, plus éloigné de la résidence d'un grand nombre de justiciables que les siéges cantonaux des justices de paix ; mais en admettant la possibilité de cette réduction, qui aurait lieu quelquefois au détriment de la propriété et de la paix publique, les parties étant amenées à se rendre justice elles-mêmes, lorsque la voie judiciaire leur paraîtrait trop difficile et trop coûteuse, qu'en résulterait-il pour les cas nombreux où le besoin d'une répression judiciaire appellerait cependant les plaideurs devant un tribunal d'un abord moins facile? Le plus grand nombre de ces procès, qui se terminaient à peu de frais dans les prétoires des justices de paix, se changeraient en procès pétitoires, et viendraient, à l'aide d'une transforma-

---

[1]

	Affaires portées devant les juges de paix.	Jugements possessoires rendus par les juges de paix.
1841.	664,611	18,854
1842.	668,539	18,857
1843.	684,650	19,065
1844.	679,437	19,436
1845.	659,568	18,944
1846.	646,331	18,018
1847.	636,009	18,171

Sur la répartition inégale du nombre des procès possessoires dans les divers ressorts de cours d'appel et entre les cantons urbains et ruraux, on peut consulter le consciencieux ouvrage mis au jour par M. Alauzet pendant la publication des articles dont le livre actuel se compose : *Histoire de la possession*, p. 285 à 287.

[2] « Il faudra bien admettre, dit M. Alauzet, que là où les actions possessoires sont peu utiles elles deviennent très-rares ; que lorsque l'emploi en est fréquent, elles répondent à un besoin et rendent de véritables services. » (P. 288.)

tion mensongère, encombrer les tribunaux de première instance.

Qu'arrive-t-il souvent dans l'état actuel des choses?

Une borne est déplacée, quelques sillons sont envahis, une haie qui sépare deux héritages est ébranchée sans droit par un propriétaire voisin : un jugement possessoire fait disparaître le litige et réprime l'usurpation commise.

La partie qui a succombé hésite à aborder le procès pétitoire, soit que l'expérience d'une première condamnation ait corrigé son esprit de chicane, soit qu'elle manque de titres suffisants, soit enfin qu'après une possession annale établie contre elle, la preuve antérieure d'une possession trentenaire dans les conditions légales lui soit impossible [1].

Si le demandeur était obligé, dans des cas semblables, de prendre la voie du pétitoire, l'usurpateur, qui dans le système actuel n'aurait jamais conçu la pensée sérieuse et spontanée d'aborder ce terrain, s'y laisserait cependant le plus souvent conduire. Là, les termes équivoques d'un titre, l'amour-propre de la résistance, des interventions peu conciliantes, aboutiraient souvent trop aisément à remplacer par un procès considérable une discussion par elle-même peu importante. Serait-ce cependant un résultat digne de félicitation, si, pour prévenir vingt mille procès possessoires simples et peu coûteux, on faisait naître dix ou douze mille procès pétitoires longs et dispendieux?

La séparation des deux instances possessoire et pétitoire, dont on s'est exagéré les inconvénients, nous paraît donc, en définitive, offrir aux plaideurs un choix et aussi un point d'arrêt utiles.

Le besoin des contestations judiciaires naît tout à la fois des légitimes intérêts et des passions abusives et aveugles de l'humanité. S'il tend quelquefois à dégénérer en manie vexatoire et ruineuse, ce n'est pas en lui rendant généralement trop difficiles et trop coûteux les moyens de se satisfaire qu'on peut y porter un véritable remède.

Une réforme en ce sens gênerait les intérêts légitimes aussi bien que ceux qui sont purement chimériques, et si l'on veut corriger

---

[1] C'est ce qui arrive souvent dans les procès relatifs aux haies plantées entre deux héritages. La possession en est le plus souvent si peu exclusive et si équivoque, qu'il est rare qu'une preuve de possession continue et non interrompue puisse en être administrée pour un laps de temps prolongé.

efficacement une passion qui appartient le plus souvent aux parties les moins éclairées de la société , on y réussira moins heureusement en aggravant les inconvénients qui doivent la punir, mais qu'il ne lui est pas toujours donné de calculer et de prévoir, qu'en lui ménageant l'occasion de se reconnaître , se refroidir et se calmer après ses premiers élans. Sous ce rapport, ainsi qu'un auteur l'a dit avec quelque justesse , les procès possessoires sont une sorte *d'escarmouche judiciaire dans laquelle les plaideurs jettent leur premier feu, et qui leur évite souvent les frais ruineux et les ennuis de l'instance principale*[1].

Les actions possessoires ne sont donc pas, suivant nous, destinées à disparaître par le progrès des lumières. L'amélioration de la législation pourra conduire à perfectionner leur système, mais ne devra pas le détruire [2].

L'établissement de ces actions, et leur séparation rigoureuse de l'action pétitoire, nous paraissent au contraire un des progrès les plus importants introduits dans le système de la défense des droits réels.

L'action possessoire constitue en quelque sorte une première ligne de retranchement, autour de laquelle vient expirer le plus grand nombre des attaques dont la propriété est l'objet. Elle est ainsi le supplément et l'auxiliaire utile de l'action principale, qu'elle remplace souvent d'une manière complète ; et alors même que le débat doit s'élever dans la sphère du pétitoire, l'action possessoire assure le plus souvent au propriétaire la position la plus avantageuse dans ce débat.

Malgré les abus auxquels elles ont donné lieu dans l'ancien Droit [3], les actions possessoires nous semblent donc présenter, dans leur état actuel, des avantages supérieurs à leurs inconvénients. Leur existence dérive, suivant nous, non du caprice des législateurs, mais de la *nature des choses*, source de toutes les

---

[1] Belime, préface, p. 18.

[2] M. Alauzet a proposé avec raison, suivant nous, de supprimer l'action possessoire pour universalité de meubles, pour trouble de droit et pour servitudes impossibles à acquérir autrement que par titre. Quant aux servitudes continues et apparentes, le droit de les acquérir par prescription nous semble emporter avec lui la nécessité d'une garantie pour leur possession. (*V*. Histoire de la possession et des actions possessoires, p. 289 à 297.)

[3] *V*. Alauzet, p. 282 et 283.

institutions durables. On pourra sans doute, par des modifications nouvelles, accroître le nombre des transformations successives que nous avons constatées dans leur histoire; elles n'en resteront pas moins étroitement liées à cette institution de la propriété, discutée de nos jours par la jactance ou la tactique des partis peut-être plus que par leur conviction, et participeront dès lors probablement à son impérissable existence.

FIN.

ERRATA.

Pages 56,   —   1, *au lieu de :* prescrivait, *lisez :* proscrivait.

  —   83, note 2, *au lieu de :* usatii, *lisez :* usatici.

  — 107, lignes 6, *au lieu de :* force novele, dessaisine, *lisez :* force, novele dessaisine.

  — 111,   — 14, *au lieu de :* dicte, *lisez :* dicta.

  — 155,   —   4 des notes, *au lieu de :* regularitur, *lisez :* regulariter.

www.ingramcontent.com/pod-product-compliance
Ingram Content Group UK Ltd.
Pitfield, Milton Keynes, MK11 3LW, UK
UKHW021051230726
13926UKWH00004B/1783